GÜTERSLOHER
VERLAGSHAUS

Gütersloher Verlagshaus. Dem Leben vertrauen

Für die Frau, die mir auch mit einem Lexikon oft genug ein Rätsel bleiben wird …

Uwe Bork

Kleines Lexikon biblischer Irrtümer

Von Adam bis zu den Zehn Geboten

Gütersloher Verlagshaus

Bibliografische Information der Deutschen Nationalbibliothek
Die Deutsche Nationalbibliothek verzeichnet diese Publikation in der Deutschen Nationalbibliografie; detaillierte bibliografische Daten sind im Internet über http://dnb.d-nb.de abrufbar.

FSC
Mixed Sources
Product group from well-managed forests and other controlled sources
www.fsc.org Cert no. SA-COC-001819
© 1996 Forest Stewardship Council

Verlagsgruppe Random House FSC-DEU-0100
Das für dieses Buch verwendete FSC-zertifizierte Papier *EOS* liefert Salzer, St. Pöllen.

1. Auflage

Umschlagmotiv: © istockphoto.com
Satz: Satz!zeichen, Landesbergen
Druck und Einband: CPI Moravia Books, Korneuburg
Printed in Czech Republic
ISBN 978-3-579-06523-6

www.gtvh.de

Vorwort

Das weiß doch nun wirklich jedes Kind: Eva lockte ihren Adam im Paradies mit einem Apfel, und mit dem Biss in diese verbotene Frucht begann dann jener Schlamassel, unter dem die Menschheit bis heute zu leiden hat. Die paradiesischen Zeiten waren jedenfalls ein für allemal vorbei.

Oder nehmen wir die Evangelien: Durch sie wissen wir genau, was Jesus dachte, sagte und tat. Schließlich war er von morgens bis abends von vier Männern umgeben, die wie frühgeschichtliche Online-Reporter sein ganzes Leben akribisch aufschrieben.

Schade eigentlich, dass weder die Geschichte vom verbotenen Apfel noch die von den stets präsenten Jesus-Biographen stimmt.

In der Bibel ist nirgendwo davon die Rede, dass ausgerechnet der Biss in die bei uns so beliebte Kernfrucht es war, der sich so verhängnisvoll auswirkte. Das 1. Buch Mose spricht nur von nicht näher bezeichneten Früchten, die an einem ebenfalls nicht näher bezeichneten Baum in der Mitte des Paradiesgartens wachsen. Äpfel werden an keiner Stelle erwähnt.

Was das Leben Jesu angeht, kann man auch nicht davon ausgehen, dass es lückenlos protokolliert wurde. Die vier Evangelisten Matthäus, Markus, Lukas und Johannes führten damals nicht nur kein Tagebuch, sie brachten ihre Aufzeichnungen auch keinesfalls gleichzeitig mit dem Leben Jesu zu Papier. Nach wissenschaftlichen Erkenntnissen entstanden die vier Evangelien erst lange nach dem Kreuzestod von Golgatha.

Kleine Irrtümer über ein großes Buch, und vielleicht sind sie sogar verständlich. Denn ›unsere‹ Bibel wurde zwar öfter aufgeschrieben, übersetzt und nachgedruckt als jedes andere Werk auf dem gesamten Globus, doch das heißt leider noch lange nicht, dass sie auch viel gelesen wurde und wird. Als ›größte Geschichte, die je erzählt wurde‹, gehört sie zwar immer noch zum Allgemeingut des immer noch so genannten ›christlichen Abendlands‹, selbst viele Christen wissen aber kaum so ganz genau, was denn zwischen den beiden Buchdeckeln ihrer heiligen Schrift tatsächlich steht.

Und dabei geht es nicht nur um den Apfelbaum im Paradies oder die Zeitgenossenschaft der Evangelisten. Der Bibel könnte man auch etwas über eine mögliche göttliche Rechtfertigung der Vielehe entnehmen oder eine Antwort auf die heute zumindest in unseren Breiten wohl eher theoretische Frage, ob man seine Tochter zur Bestrafung in die Sklaverei verkaufen darf.

Vor diesem Hintergrund will das »Kleine Lexikon biblischer Irrtümer« aufräumen mit den größten Missverständnissen rund um das Buch der Bücher. Nicht mit erhobenem Zeigefinger und anklagendem Unterton, aber mit Humor und einer Leichtigkeit, die das Lesen zum Vergnügen macht.

Uwe Bork

A

Adam *wurde als erster Mensch erschaffen*

Das würde ihnen so gefallen, unseren Machos: die Bibel als unbestechlicher Zeuge für das männliche Erstgeburtsrecht. Was für ein Triumph für das vermeintlich starke Geschlecht, wenn es auch bei der Besiedlung unseres Planeten ganz vorn liegen würde! Die männliche Überlegenheit bekäme gewissermaßen allerhöchsten Segen.

Doch langsam: Ganz so einfach ist die Lage nicht, zumindest nicht bei genauerem Hinsehen.

Was die ersten Tage unserer Erde angeht, ist die Schöpfungsgeschichte leider ausgesprochen unpräzise. Statt einer klaren Schilderung der Erschaffung der Welt und ihrer Bewohner finden sich im Alten Testament gleich zwei Versionen davon – und zu allem Unglück widersprechen sie sich auch noch in wesentlichen Teilen!

Nach Fassung Eins, die sich im ersten Kapitel des Ersten Buches Mose, der so genannten ›Genesis‹ findet, ging der Schöpfer für die Dauer seiner sechstägigen Arbeitswoche höchst systematisch vor. Zuerst schuf er Himmel und Erde, dann ließ er es »Licht werden«: Tag und Nacht wurden eingerichtet, die Wasser zu Meeren zusammengegossen und das Land zu Kontinenten zusammengefügt. Anschließend ging es an deren Begrünung mit den unterschiedlichsten Pflanzen, Sterne wurden aufgehängt und die ersten Tiere erschaffen, zunächst Fische, »Seeungeheuer« und Vögel.

Ohne größere Ruhepause – es war mittlerweile der sechste Tag – machte sich der Herr nun an die eigentliche Besiedlung der Erde. Wie bisher auch, geschah das, indem er einfach seine Wünsche aussprach: »Die Erde soll Leben hervorbringen: alle Arten von Vieh und wilden Tieren und alles, was auf der Erde kriecht.« (Genesis 1,24)
Inmitten dieser reichhaltigen Fauna und Flora dürfte der Schöpfer sich jetzt erst einmal prüfend umgesehen haben: Fehlte noch etwas? Genau, eine Sache war noch zu erledigen. Gott sprach also ein weiteres Mal und die Menschen waren erschaffen. Wohlgemerkt: die Menschen, nicht der Mensch! Mehrzahl, nicht Einzahl! Der biblische Text ist an dieser Stelle unmissverständlich: »So schuf Gott die Menschen nach seinem Ebenbild und als Mann und Frau.« (Genesis 1,27)
Nichts da also mit der Rechtfertigung männlicher Überlegenheit durch die Schöpfungsgeschichte! Schwarz auf weiß steht es in der Bibel, und für diese Erkenntnis braucht es noch nicht einmal eine feministische Übersetzung: Mann und Frau wurden gleichzeitig erschaffen! Basta!
Leider geht das Buch Genesis mit seinem ersten Kapitel aber nicht zu Ende. In seinem zweiten Kapitel erzählt uns vielmehr ein offensichtlich anderer Autor plötzlich eine ganz andere Version von der Erschaffung der Welt. In ihr macht sich der Schöpfer daran, einen bis dahin nicht erwähnten »Garten Eden« anzulegen. In ihm siedelt er einen einzelnen Menschen an, Adam. Er entsteht dieses Mal auch nicht nur auf göttliches Wort hin. In diesem zweiten Anlauf packte der Herr mit beiden Händen zu: »Er nahm Staub von der Erde, formte daraus den Menschen und blies ihm den Lebensatem in die Nase.« (Genesis 2,7) Eva entsteht in dieser Fassung erst um einiges später.

Nachdem Adam sich im Paradies nämlich offensichtlich schnell zu langweilen beginnt, wird seinem Schöpfer klar: »Es ist nicht gut, dass der Mensch allein sei!« (Genesis 2,18) Doch statt sich nach dieser berühmten Erkenntnis sofort an die Erschaffung der Frau zu machen, versucht Gott es zunächst einmal mit verschiedenen Tieren als menschlichen Gefährten. Der Erfolg bleibt aus.
In der Folge verliert Adam seine Rippe, und Eva entsteht quasi als letztes göttliches Mittel, um den Mann aus seinem unbeweibten Trübsinn zu reißen. Oder, wie es die Bibel mit geradezu überirdischem Optimismus ausdrückt: »Die zwei sind jetzt eins, mit Leib und Seele!« (Genesis 2,24)
Welche Schöpfungsgeschichte ist nun die richtige? Welche sollen wir glauben? War Adam der erste Mensch oder nicht?
Das Ergebnis muss wohl für immer offen bleiben. Im Sport würde man wohl von einem fairen ›Unentschieden‹ sprechen.

Adam *war zweimal verheiratet*

Adam womöglich nicht der erste Mensch auf Erden, und nun auch noch das: Wenn man alten hebräischen Legenden und modernen feministischen Mythen glauben will, ging Adams erste Beziehung zu einer Frau schief. Der gute Mann war seiner Partnerin, einer gewissen Lilith, einfach nicht gewachsen.
Nach einigen jüdischen Überlieferungen schuf Gott aus Lehm nicht einen, sondern gleich zwei Menschen: Adam und Lilith. Sie war von ihrem Schöpfer als Partnerin ihres Mannes gedacht, der hatte mit dieser gleichwertigen Rolle

aber offensichtlich Schwierigkeiten. Zwischen dem ersten Mann und der ersten Frau entbrannte bald ein Streit um die Führung in ihrer Beziehung, weil Adam für die Gestaltung seiner Zukunft anscheinend ganz andere Vorstellungen hatte als eine Ebenbürtigkeit der Geschlechter.

Wenn man einigen Legenden glauben will, entzündete sich der erste Ehekrieg der Weltgeschichte an einem Punkt, der auch heute noch viele Beziehungen zu sprengen droht: Es ging schlicht um Sex. Lilith wollte sich ihrem Adam nicht nur im übertragenen Sinn nicht unterordnen, sie wollte ganz konkret im Bett oder auf dem weichen Rasen des Paradieses oben liegen. Adam ging das zu weit.

Seinen Willen konnte er jedoch ebenso wenig durchsetzen wie sie: Lilith verließ im Zorn sowohl ihn als auch das Paradies überhaupt und schloss sich in der Wüste einem Haufen umherstreifender Dämonen an. Von dort treibt sie bis heute ihr Unwesen, raubt und tötet Kinder oder verführt nach manchen Legenden Männer, die sie anschließend mit Vorliebe um den Verstand bringt.

Doch zurück ins Paradies: Dort beklagte sich der sitzen gelassene Adam schon bald über seine Einsamkeit bei seinem Herrn, und das Ergebnis ist bekannt: Die ›Operation Rippe‹ begann, als zweite paradiesische Partnerin bekam nun Eva ihren Auftritt. Im Vergleich mit der selbstbewussten Lilith gab sie sich männlichen oder patriarchalen Wünschen gegenüber zunächst folgsamer, bevor sie durch ihren unseligen Patzer beim Baum der Erkenntnis ein himmlisches Happy End für das Menschengeschlecht auf lange Zeit verdarb.

Obwohl solche Mythen Lilith für viele Feministinnen zu einer Symbolgestalt gemacht haben, die sich gegen dünkelhaften Männlichkeitswahn durchgesetzt hat und ihren spä-

teren Geschlechtsgenossinnen damit einen besseren Weg wies als die anpassungsbereite Eva, kommt sie in der eigentlichen Schöpfungsgeschichte der Bibel nicht vor.
Allein beim Propheten Jesaja findet sich eine Stelle, die auf sie und ihren Aufenthaltsort hindeuten könnte: »Wüstenhunde und Hyänen treffen sich hier, die Bocksgeister begegnen einander. Auch Lilith, das Nachtgespenst, ruht sich hier aus und findet für sich eine Bleibe.« (Jesaja 34,14) Sollte sie tatsächlich so hausen müssen, hat ihr einer ihrer Ausflüge von dieser tristen Stätte immerhin literarischen Weltruhm eingebracht. Bei der Walpurgisnacht im Harz lässt Goethe Faust von Mephisto vor ihrer Macht warnen: »Nimm dich in acht vor ihren schönen Haaren, vor diesem Schmuck, mit dem sie einzig prangt. Wenn sie damit den jungen Mann erlangt, so lässt sie ihn so bald nicht wieder fahren!«

Wie **alt** *wir heute werden, hat doch mit der Bibel nichts zu tun.*

Die Fortschritte der modernen Medizin sollen hier selbstverständlich nicht gemindert werden, aber verglichen mit den Senioren des Alten Testaments haben es selbst unsere ältesten der Alten noch nicht einmal geschafft, ihre besten Jahre zu erreichen.
Nach dem Stammbaum im fünften Kapitel des Ersten Buches Mose wurde Adam trotz seiner Vertreibung aus dem Paradies noch 930 Jahre alt, sein Sohn Set brachte es auf 912 Jahre, dessen Sohn Enosch auf 905 Jahre. Gegen den absoluten Rekordhalter unter den alten Männern der Bibel reicht das jedoch bestenfalls für eine freundliche Erwähnung: Der Preis für das höchste je erreichte menschliche

Lebensalter geht eindeutig an einen gewissen Methusalem! Dieser Großvater des Sintflut-Kapitäns Noah bleibt mit seinen 969 Jahren nur knapp unter der Tausendermarke.
Dass wir Menschen heute bei weitem nicht mehr so alt werden, haben wir uns nach biblischen Berichten selbst zuzuschreiben. In einer der rätselhaftesten Geschichten der Bibel wird zunächst davon berichtet, dass nach dem Tief der Vertreibung aus dem Paradies die Zahl der Menschen auf der Erde stetig zunahm und sich unter ihnen – wen wundert's? – bald auch viele überaus schöne Töchter fanden. Nicht näher vorgestellten Wesen, die vom Alten Testament nur lapidar als ›Gottessöhne‹ bezeichnet werden, blieb das ebenfalls nicht lange verborgen. Offensichtlich waren sie menschlicher Schönheit durchaus zugetan, und so bandelten sie mit den biblischen Supermodels an und zeugten mit ihnen auch Kinder. Diese himmlisch-irdischen Nachkommen wuchsen zu Riesen heran und wurden laut Bibel zu »großen Helden der Vorzeit« (vgl. Genesis 6,1–4).
Nachdem er diese Entwicklung zunächst eine Zeitlang untätig verfolgt hatte, wurde Gott dann doch missmutig und er beschloss zu handeln. Der Schöpfer war alles andere als einverstanden mit dem Gang, den seine Schöpfung nahm! Wütend zog er einen Schlussstrich unter das bis dahin kaum beschränkte Altern der Menschen: »Ich lasse meinen Lebensgeist nicht mehr unbegrenzt im Menschen wohnen, denn der Mensch ist schwach und anfällig für das Böse. Ich begrenze seine Lebenszeit auf 120 Jahre.« (Genesis 6,3)
Für das ärztliche Streben in unseren Kliniken und Krankenhäusern scheint damit eine klare Grenze gezogen zu sein. Eine gewisse Hoffnung auf eine überdurchschnittliche Lebenserwartung gibt es aber dennoch: Die erste Ausnahme

vom göttlichen Alterslimit findet sich schon im Buch Genesis selbst. In seinem neunten Kapitel (Genesis 9,28f) findet sich dort die Angabe, dass Noah die Sintflut um 350 Jahre überlebte und erst im seligen Alter von 950 Jahren starb.
Für unsere heutige Rentenversicherung wäre das schlicht ein Debakel!

Das **Alte Testament** *ist eigentlich überholt, seit es das Neue gibt.*

Nicht nur Antiquitätenhändler wissen es: Nicht immer ist etwas, das alt ist, damit auch gleichzeitig wertlos und kann entsorgt werden. Nehmen wir beispielsweise das Alte und das Neue Testament der Bibel. Hier haben die älteren Abschnitte keineswegs ausgedient. Altes wie Neues Testament gelten nach wie vor und sind für Christen unverzichtbar.
Das Alte Testament, mit seinen 39 Büchern der weitaus größere Teil der Bibel, besitzt gewissermaßen jüdisches Copyright. Sein gebräuchlicher Name ist die von Christen geprägte Bezeichnung für die heiligen Schriften des Judentums. Von den Juden selbst werden sie als Tanach bezeichnet und umfassen die fünf Bücher Mose – auf Hebräisch: die Torah, die Schriften der Propheten sowie weitere zentrale Werke wie die Psalmen und das vor allem wegen seiner erotischen Anspielungen bekannte und geschätzte »Hohe Lied« Salomos.
Das Neue Testament, mit den vier Evangelien, der Apostelgeschichte, den Apostelbriefen und der in der Offenbarung zusammengefassten Weltuntergangsvision des Johannes sehr viel dünner als der jüdische Teil, ist ohne die Basis

dieses Vorläufers kaum verständlich. Seine Spuren sind an vielen Stellen der Texte zu finden, und seine bleibende Gültigkeit wird auch von Jesus mehrfach betont. In seiner Bergpredigt versichert er beispielsweise seinen Zuhörern: »Solange Himmel und Erde bestehen, wird kein I-Punkt und kein Komma im Gesetz gestrichen. Das ganze Gesetz muss erfüllt werden.« (Matthäusevangelium 5,18)
Ob die beiden Bezeichnungen Altes und Neues Testament indes wirklich glücklich gewählt sind, kann durchaus diskutiert werden. Um jüdische Gefühle nicht zu verletzen, wurde vorgeschlagen, sie etwa durch die Begriffe Erstes und Zweites Testament zu ersetzen. Doch gleichgültig, wie man sich entscheidet, eine Zurücksetzung oder Bevorzugung des einen oder anderen Teils sollte in jedem Fall vermieden werden. Für das Christentum sind Altes und Neues Testament wie die zwei Seiten derselben Medaille: nicht zu trennen und nicht denkbar ohne die jeweils andere.

Der verbotene Baum im Paradies war ein **Apfelbaum**.

Das Bild ist uns allen vertraut: Ein allenfalls durch eine verschämte Ranke oder einen unschuldigen Zweig verhülltes, ansonsten aber unbekleidetes Paar steht in malerischer Umgebung, sie reicht ihm einen knackigen Apfel.
Richtig! Bei dem Paar handelt es sich um unsere biblischen Stammeltern, der Ort ist das Paradies und der Moment jene verhängnisvolle Szene, in der die teuflische Schlange die arglose Eva dazu verführt, mit ihrem Partner Adam in den berühmten Apfel vom Baum der Erkenntnis zu beißen.
Wirklich in einen Apfel? Nicht unbedingt.

In der Bibel ist jedenfalls von einem Apfelbiss nirgendwo die Rede. Dort spricht das 1. Buch Mose (vgl. 1. Buch Mose 3,1ff) ausschließlich von nicht näher bezeichneten Früchten, die an einem ebenfalls nicht näher bezeichneten Baum in der Mitte des Paradiesgartens wachsen. Äpfel werden an keiner Stelle erwähnt.

Wie kam es dann aber zu der so weit verbreiteten Meinung, die paradiesische Zukunft des Menschengeschlechtes sei mit einem einzigen Apfelbiss verspielt worden?

Zwei Gründe mögen dafür maßgeblich gewesen sein. Zum einen war der Apfel als Frucht den hiesigen Bibellesern seit dem klassischen Altertum bekannt. Sie konnten sich bei diesem Wort etwas vorstellen und die biblische Geschichte gewann an Plastizität. Im östlichen Mittelmeerraum geschah übrigens dasselbe, nur mit einem anderen Obst: Dort reichte Eva ihrem Adam eine der dort weit verbreiteten Feigen.

Zum anderen ist der lateinische Ausdruck für ›Übel‹ und ›Apfel‹ kurioserweise derselbe: Beides heißt ›malus‹ bzw. ›malum‹. Bei soviel Gleichklang konnten unter den gebildeten Bibelübersetzern die Wortspiele nicht ausbleiben: »Ex malo malum« (»Vom Apfel kommt das Übel«) ist nur eines davon.

Völlig anders liegt der Fall bei den Feigenblättern. Sie werden als erstes menschliches Kleidungsstück in der Bibel ausdrücklich erwähnt; hier ist also kein Irrtum möglich.

Die **Apokalypse** *soll den Menschen Angst vor dem Weltuntergang machen.*

Ein friedvoller Tod sieht wirklich anders aus. Was ein gewisser Johannes, der übrigens nicht mit dem gleichnamigen

Evangelisten identisch ist, für den Weltuntergang vorhersagt, vereint alle Bestandteile eines jede Leinwand sprengenden Katastrophenfilms. Desaster von kosmischem Ausmaß werden an der Tagesordnung sein, soziale Unruhen und Kriege werden ausbrechen, blutrünstige Herrscher reißen die Macht an sich, gewaltige Drachen und mehrköpfige Ungeheuer toben über die gequälte Erde.

Im sechsten Kapitel der Offenbarung, in dem ein großes Opferlamm mit sieben Hörnern und sieben Augen nacheinander sieben Siegel einer von Gott überreichten Schriftrolle erbricht, heißt es beispielsweise: »Da gab es ein gewaltiges Erdbeben. Die Sonne wurde schwarz wie ein Trauerkleid und der ganze Mond wurde blutrot. Wie unreife Feigen, die ein starker Wind vom Baum schüttelt, fielen die Sterne vom Himmel auf die Erde. Der Himmel verschwand wie eine Buchrolle, die zusammengerollt wird. Weder Berg noch Insel blieben an ihren Plätzen. Alle Menschen versteckten sich in Höhlen und zwischen den Felsen der Berge: die Könige und Herrscher, die Heerführer, die Reichen und Mächtigen und alle Sklaven und Freien. Sie riefen den Bergen und Felsen zu: ›Fallt auf uns und verbergt uns vor dem Blick dessen, der auf dem Thron sitzt, und vor dem Zorn des Lammes!‹« (Offenbarung 6,12ff)

Grauenhafte Bilder. Fürchterliche Vorstellungen. Sie entspringen nach biblischem Verständnis allerdings nicht der Phantasie eines menschlichen Hirns, sondern sie sind Visionen, die von Gott einem einzelnen Menschen eingegeben wurden, um auf diesem (Um-)Weg zu vielen zu sprechen. Das griechische Wort ›Apokalypse‹ bedeutet denn auch nicht ›Weltende‹ oder ›Weltuntergang‹ sondern schlicht ›Enthüllung‹ oder ›Offenbarung‹.

Der bereits erwähnte Seher Johannes wollte folglich seine Leser und Hörer in den ohnehin um ihre Existenz kämpfenden Gemeinden des Urchristentums nicht noch zusätzlich in Angst und Schrecken versetzen. Zwar schilderte er ihnen drastisch den Endkampf zwischen Gut und Böse, zwischen Gott und Teufel, er vermittelte ihnen aber auch ebenso, dass in diesem kosmischen Finale das Gute notwendig siegen würde. In den Verfolgungen des Römischen Reiches mochten die Christen momentan noch auf der Verliererseite stehen, am Ende aller Tage, beim göttlichen Jüngsten Gericht, würden sie jedoch zu den Siegern gehören. Unweigerlich.

Wenn einmal alles vorbei sein wird, dürfen sich die dann Auserwählten in der Tat auf eine glorreiche Zukunft freuen. Das himmlische Jerusalem wird eine riesige Stadt sein, ein Quadrat mit einer Seitenlänge von etwa 2400 Kilometern. Ihre Straßen werden aus »lauterem Gold« bestehen, ihre Stadtmauer mit »Edelsteinen jeder Art« geschmückt sein und ihre Stadttore jeweils aus einer einzigen riesigen Perle bestehen. (Offenbarung 21 und 22)

Doch selbstverständlich ist nicht nur an materielle Pracht, sondern auch an spirituellen Trost gedacht. Gott, so heißt es, wird den Menschen »alle ihre Tränen abwischen. Es wird keinen Tod mehr geben und keine Traurigkeit, keine Klage und keine Quälerei mehr. Was einmal war, ist für immer vorbei.« (Offenbarung 21,4)

Und das sind doch nun wirklich blendende Aussichten!

Bei den **Aposteln** *gab es nie Streit.*

Von wegen. Selbst unter den nächsten Mitarbeitern Jesu hat es anscheinend echte Hitzköpfe gegeben, die auch schon einmal mit harten Bandagen kämpften, wenn es darum ging, ihren Willen durchzusetzen. Am heftigsten ging es dabei zur Sache, als für die entstehende Kirche geklärt werden musste, ob das Christentum sich gewissermaßen als eine bloße Variante des Judentums verstehen sollte oder ob es nicht etwas grundsätzlich Neues darstellte. Jeder hätte dann direkten Zutritt zu dieser neuen Religion, ohne vorher erst einmal Jude werden zu müssen.

Paulus, selbst der unbestrittene Spätstarter unter den Aposteln, der Jesus selbst persönlich nie begegnet ist, vertrat diese Meinung. Doch es gab starke Gegenkräfte gegen sein Konzept der Heidenmission; beim so genannten ›Apostelkonzil‹, das um das Jahr 45 in Jerusalem stattfand, sollte deshalb endgültig geklärt werden, ob allein die Taufe ausreichte, um Christ zu werden.

Die Stimmung war aufgeheizt. In seinem nur wenig später geschriebenen Brief an die Galater schildert Paulus selbst die zugespitzte Lage, die vom Geist brüderlicher Liebe offenbar so weit entfernt war wie eine Aktionärsversammlung von den Forderungen christlicher Barmherzigkeit: »Es waren falsche Brüder eingedrungen, wie sie sich damals auch anderswo in den Gemeinden eingeschlichen hatten. Sie wollten sich zu Richtern über die Freiheit machen, die wir durch Jesus Christus haben, und uns wieder unter das Gesetz zwingen. Aber ich habe ihnen nicht einen Augenblick nachgegeben.« (Galaterbrief 2,4f)

Der wortgewandte Paulus setzte sich schließlich tatsächlich durch: Während der ›Erste Apostel‹ Petrus sich hauptsächlich den Juden widmen sollte, durfte Paulus weiter seine Heiden missionieren. Der Streit wurde begraben, Jakobus, Petrus, Johannes und Paulus gaben sich die Hand darauf. Lange hielt dieser Frieden jedoch nicht. Nur wenig später warf Paulus dem Petrus daher vor, hinter den in Jerusalem gefassten Beschlüssen zurückzubleiben und – schlimmer – »von der Wahrheit des Evangeliums abzuweichen«. Er stellte »ihn zur Rede, weil sein Verhalten unentschuldbar war«. (Galaterbrief 2,11ff)

Der Konflikt brutzelte in der Folge noch lange auf mehr oder minder kleiner Flamme weiter, Spannungen in den Gemeinden und unter deren Leitern blieben an der Tagesordnung. Auch Apostel sind schließlich nur Menschen …

Die **Auslegung der Bibel** *hat mit Wissenschaft nicht viel zu tun.*

Ein eindeutiger Text sieht anders aus. Offensichtlich war selbst Jesus manchmal der Verzweiflung nahe, wenn schon seine Jünger wieder einmal nicht begriffen, was er ihnen mit einem Gleichnis eigentlich sagen wollte: »Wenn ihr schon dieses Gleichnis nicht versteht, wie wollt ihr dann all die anderen verstehen?« (Markusevangelium 4,13)

Das Problem ist geblieben. Sowohl das Alte als auch das Neue Testament fordern ihre Leser fast in jedem ihrer Kapitel zum Nachdenken darüber auf, was eigentlich ihre Botschaft ist, ob nun froh oder nicht. Seit es die Bibel gibt, gibt es darum auch die Exegese, die Auslegung ihrer Texte.

Mit bloßer Frömmelei kommt man dabei nicht weit. Die moderne Exegese versteht sich als Wissenschaft, die bei ihrem Bemühen um ein besseres Textverständnis auch ganz bewusst Fachgebiete außerhalb der Theologie wie die Geschichts- oder Sprachwissenschaft in ihren Dienst nimmt. Sie will so ihre Interpretationen der biblischen Texte auf eine möglichst rationale Basis stellen und damit verhindern, dass die Heiligen Schriften von interessierter Seite für ein sehr einseitiges Religionsverständnis instrumentalisiert werden. Mag es nun fundamentalistisch sein oder Gott für tot erklären.

Die Ansätze der Exegese waren immer verschieden, und sie sind es geblieben. So versuchen Anhänger der historisch-kritischen Methode die Bibel aus dem damaligen geschichtlichen Zusammenhang zu verstehen, von anderer Seite wird mehr danach gefragt, für welches Publikum sie geschrieben wurde und welche Wirkung sie bei ihm erzeugen sollte, eine dritte Gruppe geht wiederum von psychologischen Überlegungen aus oder sie untersucht Verbindungen zwischen biblischen Texten und anderen Werken der damaligen Zeit.

Dass bei diesen unterschiedlichen Wegen zum besseren Textverständnis auch einiges schief gehen kann, wusste schon der Apostel Petrus. Er beklagt sich in einem seiner Briefe offen darüber, dass der »liebe Bruder Paulus, dem Gott viel Weisheit gegeben hat« leider trotzdem manchmal ausgesprochen schwierige Texte zu Papier bringe. Die würden dann von unwissenden Leuten missdeutet, die in ihrem Glauben nicht gefestigt sind. Die Folge laut Petrus: »Sie verurteilen sich damit selbst zum Untergang.« (2. Petrusbrief 3,16)

Soviel nur als Warnung für allzu wagemutige Exegeten!

Der ***Auszug aus Ägypten*** *war nur die Sache eines kleineren Familienclans.*

Wäre es so gewesen, der Pharao hätte um diese vor sich hin plätschernde Auswanderungswelle wohl kein größeres Aufheben gemacht. Folgt man den Angaben der Bibel, wird aber schnell klar, dass es sich bei diesem ›Exodus‹ um eine echte Völkerwanderung gehandelt haben muss, die selbst einer so starken Volkswirtschaft wie der ägyptischen durchaus einen ernsthaften Stoß versetzen konnte.
Im 2. Buch Mose findet sich eine Zahl, die darauf schließen lässt, dass es sich beim Auszug aus Ägypten und der anschließenden 40-jährigen Wüstenwanderung nicht zuletzt auch um eine bedeutendes logistisches Problem gehandelt haben dürfte. Dort heißt es: »Die Israeliten brachen von Ramses auf und zogen nach Sukkot. Es waren etwa sechshunderttausend, die Frauen, Kinder und Alten nicht mitgezählt. Auch eine erhebliche Zahl von Fremden schloss sich ihnen an. Außerdem führten sie große Herden von Schafen, Ziegen und Rindern mit.« (2. Buch Mose 12,37f)
Ob der jüdische Auszug aus Ägypten, immerhin eines der großen Themen des Alten Testaments und eines der zentralen Motive des Judentums, allerdings tatsächlich stattgefunden hat, ist in der historischen Forschung ebenso umstritten wie eine mögliche Zeitangabe für dieses Ereignis. Dass der große Exodus Realität war und er sich sogar genau terminieren lässt, davon geht nach Pressemeldungen aber zumindest ein ägyptischer Jurist aus. Er fordert von jüdischer Seite Entschädigung für die Mitnahme von 320 Tonnen Gold sowie einer unbestimmten Mengen von Schmuck,

Silberornamenten, Kleidung und Küchengeräten (!) während des nächtlichen Auszugs der Juden im Jahr 3751 vor Christus.
In Israel reagierte man gelassen auf diese Forderung. Als Antwort bereitet man jetzt eine Gegenklage vor, bei der es um die immer noch ausstehende Entlohnung für die jüdischen Zwangsarbeiter beim Bau der Pyramiden gehen wird.

B

Die **Babylonier** *waren immer die Bösen.*

Wer wie der babylonische König Nebukadnezar im Jahr 587 v. Chr. das jüdische Jerusalem besetzt, den dortigen Tempel zerstört und plündert sowie zum krönenden Abschluss dann auch noch unzählige Juden nach Babylon verschleppt, der sollte sich nun wirklich nicht wundern, wenn er in der Bibel nicht übermäßig gut wegkommt. Wer diese Aktion ein zweites Mal wiederholt und noch mehr Menschen »an die Flüsse Babylons« verschleppt, dürfte endgültig auch noch die kleinste Chance auf eine Rolle als positiver Held verspielt haben.
Doch auch unabhängig von diesen Feldzügen und von der babylonischen Gefangenschaft der Juden gibt Babylon in der Darstellung der Bibel eher den Schurkenstaat. Das fängt schon in der Genesis an (1. Buch Mose 11,1–9), wo die Bewohner der Stadt Babel sich daran machen, einen gewaltigen Turm zu errichten, um sich als Volk einen Namen zu machen und nicht über die ganze Erde verstreut zu werden. Gott befürchtet anscheinend eine aufkommende Konkurrenz für sein eigenes Wirken und bringt die babylonischen Bauherren dadurch zu Fall, dass er sie in verschiedenen Sprachen sprechen lässt: die Geburtsstunde von »Multikulti«.
Im Neuen Testament, im 17. und 18. Kapitel der Offenbarung des Johannes, sieht es dann vollends schlecht aus mit Babylon. Als »Hure Babylon« wird es zum Sinnbild der

Gegner des Christentums. Damalige Zeitgenossen dürften diese Beschreibung auf das römische Weltreich übertragen haben, der Reformator Martin Luther verstand darunter später die katholische Kirche und das Papsttum selbst.
Und wo bleibt nun das Positive? Offensichtlich haben die Babylonier nicht ganz freiwillig mit ihrer Deportation der jüdischen Elite ganz wesentlich dazu beigetragen, dass sich die jüdische Theologie weiterentwickeln konnte. Hier schreibt beispielsweise der Prophet Ezechiel oder Hesekiel seine Werke, in denen er den Juden nach einer Zeit der Buße neues Heil verheißt und eine neue Verfassung für Israel entwirft. Hier entstehen die auch heute noch gültigen Regeln für die Beschneidung und die Sabbathruhe.
Auch dem himmlischen Herrn selbst ist diese zwiespältige Rolle Babylons bewusst, denn er drängt keineswegs auf seinen Untergang. Über den Propheten Jeremia fordert er die aus ihrer Heimat Verschleppten vielmehr auf: »Seid um das Wohl der Städte besorgt, in die ich euch verbannt habe, und betet für sie! Denn wenn es ihnen gut geht, dann geht es auch euch gut.« (Jeremia 29,7)
Gott schreibt eben auch auf krummen Linien gerade.

Die **Bergpredigt** *ist ein Loblied auf die Dummheit.*

Fast sieht es tatsächlich so aus. Wenn Jesus im Matthäusevangelium auf einen Berg am See Genezareth steigt und als erste seiner neun Seligpreisungen anscheinend gleich verkündet »Selig die Armen im Geist« (Matthäusevangelium 5,3), so kann man das doch kaum anders verstehen als ein Loblied auf die Dummheit. Oder?
Sieht man etwas genauer hin, kommen doch schnell Zwei-

fel auf, ob Jesus wirklich etwas gegen Intelligenz hatte. Die meisten Übersetzungen machen deutlich, dass es ihm mit dieser Seligpreisung keinesfalls darum ging, jegliches menschliche Bildungsstreben für überflüssig zu erklären. In der 1984er Fassung der Lutherbibel heißt es beispielsweise »Selig sind, die da geistlich arm sind; denn ihrer ist das Himmelreich.« Die bei ihrer Übertragung des Neuen Testamentes auch von der evangelischen Kirche anerkannte katholische Einheitsübersetzung spricht von jenen, »die arm sind vor Gott«, die ›Gute-Nachricht-Bibel‹, die sich bewusst als eine Bibel in heutigem Deutsch versteht, textet sehr frei »Freuen dürfen sich alle, die nur noch von Gott etwas erwarten – mit Gott werden sie leben in seiner neuen Welt. Arm zu sein im Geiste, das bedeutet, das, was ich habe, so zu haben, als hätte ich es nicht.«
Damit ist doch nun wirklich alles gesagt …

Die **Bibel** *wurde von Gott diktiert.*

In der Bibel findet sich Gottes Wort. Akzeptiert. Aber hat er sich wirklich die Mühe gemacht, es über Tausende von Jahren gewissermaßen von menschlichen Ghostwriter zu Papier bringen zu lassen? Nicht nur dem Sinne nach, sondern Wort für Wort? Doch eher nicht.
Die weitaus überwiegende Mehrzahl aller Theologen geht heute davon aus, dass das Alte wie das Neue Testament von menschlicher Hand geschrieben wurden. Unterschiedliche Autoren waren zu ganz unterschiedlichen Zeiten und durchaus unter göttlichem Einfluss damit beschäftigt, diese für Juden wie für Christen heilige Schrift aufzuzeichnen. Diese aus vielen Quellen schöpfende Entstehung erklärt

auch, warum die Bibel in ihrer Form alles andere als einheitlich ist und warum sich in ihren Inhalten viele Widersprüche finden.
Im wesentlichen sind es heute nur noch christliche Fundamentalisten oder Teile der sogenannten charismatischen und evangelikalen Bewegungen, die daran festhalten, die Bibel sei wörtlich direkt von Gott offenbart, absolut unfehlbar und irrtumslos. Eine an ihrer Entstehungsgeschichte orientierte Diskussion wird von dieser Seite deshalb nicht zugelassen und als gottlos verurteilt.
Ein strenggläubiger Muslim könnte seinem christlichen Gegenüber in dieser Beziehung ohne jede Scheu die Hand geben: Für muslimische Fundamentalisten ist ihr Koran ebenfalls unmittelbar von Gott offenbarte Wahrheit, die über alle unterschiedlichen Auslegungen erhaben ist.

Die **Bibel** *ist nur etwas für Christen.*

Würde dieser Satz stimmen, käme er einer geistigen Enteignung der Juden gleich. Um wen geht es denn in den Geschichten des Alten Testaments, das zumindest mengenmäßig den Großteil der Bibel ausmacht? Etwa um Christen? Nein, Christen kommen weder bei der Erschaffung der Welt vor, noch werden sie vor der Sintflut gerettet oder von Moses durch die Wüste geführt. Der Grund ist einfach: Als diese Ereignisse stattfanden, gab es noch gar keine Christen, ihre Religion war noch lange nicht gestiftet!
Das nach den Anfangsbuchstaben seiner Hauptteile von den Juden als Tanach bezeichnete Alte Testament – so allein seine christliche Bezeichnung – war zunächst einmal die Sammlung der religiösen Texte des Judentums. Die

Christen übernahmen sie erst später als eines der zentralen Fundamente ihres eigenen Glaubens, den Juden wurden sie dadurch jedoch nicht weggenommen. Das Ganze blieb vielmehr in der Familie, der Familie der sogenannten »abrahamischen Religionen«, in der sich Christen und Juden als jüngere und ältere Geschwister begegnen und zu der auch noch die Muslime gehören.
Der Islam hat einen Teil der biblischen Geschichte übernommen und abgewandelt, auch einige der wichtigsten Akteure des Alten wie des Neuen Testaments tauchen im Koran auf. So kennen auch Muslime Adam und Eva, Abraham ist selbstverständlich ebenso bekannt wie seine Söhne Isaak und Ismael. Johannes den Täufer gibt es, Maria und sogar Jesus. Er wurde im Koran jedoch degradiert: Statt der Sohn Gottes, für Muslime eine undenkbare Vorstellung, ist er im Islam unter dem Namen Isa bin Maryam nur noch ein Prophet Allahs.

Der Inhalt der **Bibel** *ist für alle Christen genau gleich.*

Schön wär's. Zwar stimmen alle großen christlichen Konfessionen über den wesentlichen Inhalt der Bibel überein, in Einzelheiten gibt es aber dennoch zum Teil deutliche Unterschiede.
Im Zuge ihrer mittlerweile über 2000-jährigen Geschichte spaltete sich die christliche Kirche nicht nur mehrere Male, die aus dem einen Stamm gesprossenen Zweige zeigten bald auch ein unterschiedliches Verständnis davon, was denn eine heilige Schrift ausmacht. So nehmen beim Alten Testament die Katholiken die lateinische »Vulgata« zur Grundlage ihrer Bibelarbeit, die Protestanten folgen ihrem

Reformator Martin Luther auch darin, dass sie sich auf die hebräische Bibel beziehen, und die Orthodoxen richten sich nach der griechischen »Septuaginta«, der ältesten vollständigen Bibelübersetzung überhaupt. Protestanten kommen damit auf 39 alttestamentliche Bücher, Katholiken auf 46, übertroffen werden beide aber von den Orthodoxen, bei denen jedoch wiederum intern keine vollständige Einheitlichkeit darüber besteht, was denn nun zur Bibel zu rechnen sei und was nicht.

Beim Neuen Testament ist die Lage ähnlich. Hier sind zwar Katholiken, Orthodoxe und Protestanten über dessen Umfang völlig einig, dafür scheren jetzt die syrische und die äthiopische Kirche aus der biblischen Einheitsfront aus. Diese christliche Uneinigkeit wird noch dadurch verstärkt, dass bei weitem nicht jede Konfession und jede Kirche jede Bibelübersetzung der jeweils anderen anerkennt.

Vielleicht sollten sich die uneinigen christlichen Geschwister ein wenig mehr am Geist Martin Luthers orientieren. Der Reformator, im Allgemeinen ja durchaus als Mann von einiger Streitlust bekannt, konnte nämlich auch ganz anders. So urteilte er beispielsweise über die nach seinem Verständnis nicht zur Bibel gehörenden Schriften der Katholiken, es seien immerhin »Bücher, so der Heiligen Schrift nicht gleich gehalten, und doch nützlich und gut zu lesen sind«.

Was will man mehr?

Man muss die **Bibel** *wörtlich nehmen.*

Lieber nicht. Oder doch wenigstens nicht immer. Ansonsten würde wahrscheinlich in vielen Familien Panik ausbre-

chen, denn das 2. Buch Mose gestattet es strengen Vätern ausdrücklich, ihre Töchter in die Sklaverei zu verkaufen. Die Frauenfeindlichkeit dieses Abschnitts wird auch nicht dadurch gemindert, dass für den Fall des Nichtgefallens der Ware eine Rücknahmegarantie ausgesprochen wird: »Hatte der Käufer sie als Frau für sich selbst bestimmt, aber sie gefiel ihm nicht, so muss er ihrer Familie Gelegenheit geben, sie zurückzukaufen.« (2. Buch Mose 21,8)
Auch die Textilindustrie hätte Grund zur Klage. Ohne nähere Begründung verfügt das 5. Buch Mose einen absoluten Bann gegen Mischgewebe: »Du darfst keine Kleider tragen, deren Stoff aus Wolle und Leinen gemischt ist.« (5. Buch Mose 22,11) und verbietet zudem knappe Jeans an Frauenbeinen: »Eine Frau darf keine Männerkleidung tragen!« (5. Buch Mose 22,5) Selbst die Modeschöpfer sähen sich in ihrer schöpferischen Freiheit eingeengt: »Du sollst an den vier Zipfeln deines Obergewandes Quasten anbringen.«
Auch wenn es christlichen Fundamentalisten nicht gefällt: Nur wer die Bibel nicht wörtlich versteht, versteht sie richtig. Es kommt darauf an, den Sinn hinter den Worten zu erfassen und sie als ein in einer bestimmten geschichtlichen Situation entstandenes Menschenwerk zu verstehen, das göttliche Offenbarungen enthält und reflektiert.
Oder sollte etwa das Neue Testament wirklich jedem noch kommenden Lebensmittelskandal vorab eine Generalabsolution erteilen: »Ihr könnt jedes Fleisch essen, das auf dem Markt verkauft wird. Es ist nicht nötig, dass ihr eine Gewissenssache daraus macht und nachforscht, woher das Fleisch kommt.« (1. Korintherbrief 10,25)?

Die **Bundeslade** *war eine Art tragbarer Aktenschrank.*

Das wäre nun wirklich arg untertrieben: Die jüdische Bundeslade ist sicherlich eines der rätselhaftesten Requisiten, die sich in der Bibel finden. Allenfalls der sogenannte »Heilige Gral«, bei dem es sich nach alten Legenden um den Kelch handeln soll, den Jesus beim Letzten Abendmahl benutzte, beschäftigt die Spekulationen von Gläubigen wie Ungläubigen seit Jahrhunderten ähnlich stark. Für die angebliche Wunderkraft eines solchen Grals – oder auch nur für seine Existenz – findet sich in der Bibel jedoch nicht die mindeste Erwähnung.

Anders bei der Bundeslade: In ihr sind nach dem Buch Exodus die beiden Steintafeln mit den Zehn Geboten aufbewahrt worden, die Moses von Gott auf dem Berg Sinai erhalten hatte. Der Name Bundeslade weist dabei auf den Bund Gottes mit dem Volk Israel hin, und für die Israeliten war sie das sichtbare Zeichen dafür, dass dieser Gott ganz real unter ihnen wohnte. Mit entsprechender Hochachtung und Scheu wurde die Lade deshalb behandelt.

Für einen bloßen tragbaren Aktenschrank wäre die Bundeslade überdies viel zu prächtig ausgefallen. Im Buch Exodus, dem 2. Buch Mose, wird im 25. Kapitel eine Art göttliche Bauanleitung zitiert: »Die Israeliten sollen einen Behälter aus Akazienholz anfertigen: eineinviertel Meter lang, dreiviertel Meter breit und ebenso hoch. Außen und innen soll sie mit reinem Gold überzogen sein und ringsum mit einer Goldleiste verziert. (...) Lass eine Deckplatte aus reinem Gold herstellen, die in den Maßen genau auf die Lade passt. An den beiden seitlichen Enden der Deckplatte werden zwei geflügelte Engelsfiguren aus getriebenem Gold angebracht. Sie stehen einander zugewandt, den Blick auf die

Deckplatte gerichtet; ihre Flügel halten sie schirmend über der Platte ausgebreitet.« (2. Buch Mose 25,10–20) Getragen werden konnte die Bundeslade an zwei Stangen aus Akazienholz, die ebenfalls mit Gold überzogen waren.

Erhalten geblieben ist von dieser ganzen Pracht und ihrem unschätzbaren Inhalt leider vermutlich gar nichts. Als der babylonische König Nebukadnezar um 587 v. Chr. bei seiner Eroberung Jerusalems den Tempel zerstörte und seine Schätze plünderte, fiel ihm auch die Bundeslade in die Hände. Seither gilt sie als verschollen.

Seit den Tagen der Kreuzritter immer wieder aufkommende Berichte darüber, dass sie als Ganzes oder zumindest in Teilen wiedergefunden wurde, konnten nie bestätigt werden. Auch bei der afrikanischen Bundeslade, die im äthiopischen Aksum von der äthiopisch-orthodoxen Kirche gehütet wird, dürfte es sich wohl kaum um das biblische Original handeln. Obwohl für die Echtheit dieser Lade immerhin ein gewisser Menelik bürgt, immerhin der Sohn von König Salomo und der sagenhaften Königin von Saba …

C

Christus *ist der Nachname von Jesus.*

Zumindest für unsere heutigen Ohren klänge diese Annahme doch ganz plausibel, würde da nicht sofort ein zweiter Gedanke auftauchen. Na, wie hießen dann nämlich seine irdischen Eltern? Richtig: Josef und Maria Christus. Und von dieser gewagten Namenskombination hat nun vermutlich noch nie jemand gehört.
In der Tat ist »Christus« kein Nach- oder Zweitname, sondern ein dem eigentlichen Namen nachgestellter Ehrentitel. Als lateinische Form des griechischen »Christos« entspricht er dem hebräischen »Maschiach« (zu Deutsch: Messias) und bedeutet nichts anderes als »der Gesalbte«.
Wäre es anders, ergäbe nicht zuletzt auch das berühmte Bekenntnis des Simon Petrus keinen Sinn, mit dem der Apostel auf die Frage Jesu antwortet, für wen ihn denn die Jünger hielten: »Du bist der Christus!« (Markusevangelium 8,29) In einer moderneren Übersetzung als der des Martin Luther heißt das schlicht: »Du bist der versprochene Retter!«

D

Von **David** *würde heute niemand mehr sprechen, wenn er nicht den Riesen Goliath umgebracht hätte.*

Dieser Satz ist ungefähr so richtig wie die Vermutung, Leonardo da Vinci wäre ein brotloser Künstler geblieben, wenn ihm nicht eines Tages zufällig eine Frau namens Mona Lisa über den Weg gelaufen wäre.
Sicher: David gegen Goliath, dieser für den riesenhaften Kämpfer der Philister tödliche Kampf, ist in den allgemeinen Sprichwortschatz eingegangen. Davids einzige Leistung war diese im Kapitel 17 des 1. Buches Samuel geschilderte Tat jedoch keineswegs. Der gut gezielte Steinwurf stand nur am Anfang einer beispielhaften Karriere, die aus einem einfachen Hirtenjungen schließlich den König des ganzen Reichs Israel machte.
Nach wechselhaften Zeiten, in denen David teils als der Günstling des wankelmütigen König Sauls erscheint, in denen dieser aber auch mehrfach aus Neid versuchte, den jungen Helden zu töten, wurde David selbst zum König gesalbt. König Saul war zuvor ebenso wie sein Sohn und potenzieller Thronfolger Jonathan im Kampf gegen die Philister gefallen.
David erwies sich bald als geschickter Politiker und erfolgreicher Stratege. Er vereinigte das Nord- und das Südreich mit Jerusalem als neuer Hauptstadt. Gleichzeitig machte er die Stadt zu einem religiösen Zentrum, indem er die bisher

in einem Ort namens Silo aufbewahrte Bundeslade dorthin holte. Mit einer Reihe von Kriegen schuf David ein großes Reich, das nach biblischen Berichten von Damaskus im Norden bis zum Roten Meer im Süden gereicht haben soll. Moderne Wissenschaftler sind in dieser Beziehung allerdings skeptisch: Ihnen fehlen unabhängige Belege für diese Angaben.
Der weltweit als jüdisches Symbol bekannte und verwendete Davidstern geht übrigens nicht auf den Herrscher David zurück. Er tauchte – lange nach David – erstmals vor rund 1800 Jahren auf der Synagoge in Kapharnaum auf. Sein genauer Ursprung ist ebenso unklar wie seine exakte Bedeutung. Über sie gibt es annähernd so viele Deutungen wie Menschen, die den sechszackigen Stern betrachten; eine eigene religiöse Bedeutung hat er jedenfalls nicht.

Ein bedeutender Herrscher wie **David** *war in allem ein Vorbild.*

Spätestens, seit der Bildhauer Michelangelo ihn zu gut vier Metern Nacktheit aus dem Marmor meißelte, dürfte es aller Welt vor Augen stehen: Der biblische David war eine überaus ansehbare Persönlichkeit. Selbst die Bibel kommt nicht um die lakonische Feststellung herum, »er war sonnengebräunt, gut aussehend und hatte schöne Augen«. (1. Buch Samuel 16,12) Das Bild eines alttestamentlichen Superstars wird noch dadurch vervollständigt, dass David offensichtlich ein begabter Dichter, Musiker und Komponist war und überdies immer wieder eine Leidenschaft an den Tag legte, die sich bei weitem nicht nur auf religiöse Fragen beschränkte.
In Bezug auf seine Wertschätzung des weiblichen Geschlechts führte diese Leidenschaft beispielsweise dazu,

dass das ansonsten strahlende Bild des israelitischen Herrschers auch einige dunkle Punkte aufweist.
In der wohl verhängnisvollsten seiner Affären begann alles damit, dass David in der Sonne eines Spätnachmittags auf dem flachen Dach eines Palastes auf und ab ging. Bei diesem ziellosen Flanieren fiel sein Blick plötzlich in den Hof des Nachbarhauses, wo eine Frau in paradiesischer Nacktheit badete. Es war die schöne Bathseba, ausgerechnet die Ehefrau eines seiner Söldner, des Hethiters Urija.
Erkennbar nicht immer der Herr seiner Männlichkeit, nutzte David die Tatsache aus, dass Urija gerade an einer fernen Front für ihn kämpfte. Er holte sich die augenscheinlich nicht abgeneigte Bathseba ins Bett und schwängerte sie im weiteren Verlauf der Geschichte. Um seine Spuren zu verwischen, beorderte er seinen Soldaten umgehend zurück nach Hause und versuchte ihn dazu zu überreden, es sich doch einmal gut gehen zu lassen. Offensichtlich hatte er damit aber das Pflichtbewusstsein Urijas unterschätzt, denn der ließ ihm mitteilen: »Die Männer Israels und Judas stehen im Feld und auch die Bundeslade hat nur ein Zeltdach über sich; mein Befehlshaber Joab und seine Offiziere lagern auf dem bloßen Boden. Und da soll ich nach Hause gehen, essen und trinken und mit meiner Frau schlafen? So gewiss du lebst: Das werde ich nicht tun!« (2. Buch Samuel 11,11)
Mit dieser Weigerung hatte er quasi sein eigenes Todesurteil unterschrieben. In einem vertraulichen Brief an seinen Feldherrn Joab sorgte David dafür, dass Urija unmittelbar an die Front geschickt wurde. Und nicht nur das, er forderte heimtückisch: »Stellt Urija in die vorderste Linie, wo der Kampf am härtesten ist! Dann zieht euch plötzlich von ihm

zurück, sodass er erschlagen wird und den Tod findet.« (2. Buch Samuel 11,15) Er täuschte sich nicht, und im Ergebnis kam es nach Ablauf einer kürzeren Trauerzeit in Davids Palast zur zweiten Hochzeit des Herrschers.
Moralisch war diese mörderische Aktion sicher alles andere als vorbildlich. Zudem erzürnte sie den Herrn mit fürchterlichen Folgen: Zur Strafe für David ließ er dessen ersten Sohn aus der Verbindung mit Bathseba unmittelbar nach der Geburt sterben. Erst sein Zweitgeborener, der spätere König Salomo, fand wieder göttliches Wohlwollen.
Obwohl auch er sich später ebenfalls als Problemfall herausstellen sollte …

E

Menschen und **Engel:** *Das hat doch nichts mit Erotik zu tun.*

Normalerweise nicht. Aber manchmal anscheinend eben doch. Ganz am Anfang des Alten Testaments, als es um eine Zeit geht, in der die Erschaffung der Welt noch nicht allzu lange zurückliegt, findet sich jedenfalls eine Geschichte, die so gar nicht zum Rest der Bibel zu passen scheint.

In ihr geht es darum, dass es nach der Vertreibung aus dem Paradies offensichtlich so genannte ›Gottessöhne‹ gab, die ziemlich schnell erkannten, dass die Frauen auf der noch neuen Erde von ihrem Schöpfer mit ziemlichen Reizen ausgestattet worden waren. Diese nicht näher definierten Gottessöhne, die in manchen Übersetzungen auch als Engel bezeichnet werden, erlagen schon bald der weiblichen Attraktivität so gründlich, dass Kinder aus den Verbindungen zwischen himmlischen und irdischen Wesen hervorgingen, die in der Bibel auf Hebräisch als ›Nefilim‹, als ein Volk von Riesen, bezeichnet werden, als »hochberühmte Helden der Vorzeit« oder »starke Männer der Urzeit«.

Gott selbst war von den Affären seiner irdischen Geschöpfe mit den Söhnen des Himmels allerdings wenig angetan. Nachdem er dem Treiben zunächst eine Zeitlang tatenlos zugesehen hatte, begrenzte er nicht nur die Lebenszeit der Menschen auf 120 Jahre, sondern er bereute es überhaupt, sie erschaffen zu haben. Er empfand sie als völlig böse und verdorben. Die altertümliche Wortgewalt der Lutherüber-

setzung bringt das sehr gut zum Ausdruck: »Ich will die Menschen, die ich geschaffen habe, vertilgen von der Erde, vom Menschen an bis hin zum Vieh und bis zum Gewürm und bis zu den Vögeln unter dem Himmel; denn es reut mich, dass ich sie gemacht habe.« (1. Buch Mose 6,7) Die Sintflut ließ nicht mehr lange auf sich warten.
Das kurze Auftauchen von rätselhaften Gottessöhnen und ihren riesenhaften Kindern in der Bibel ist nicht leicht zu erklären. Unstrittig unter Theologen ist allenfalls, dass es sich bei diesen ›Söhnen‹ Gottes nicht um seine leiblichen Kinder handelt, sondern dass darunter Wesen aus der engeren Umgebung des himmlischen Herrn zu verstehen sind. Einfacher ausgedrückt: Engel.
Für viele Esoteriker und Science-Fiction-Fans ist die Lage aber nicht so einfach: Sie sehen in dieser biblischen Passage einen klaren Beleg dafür, dass Außerirdische einst die Erde besuchten und sich mit Menschen verbanden. In diesem Zusammenhang bekommen sogar die biblischen ›gefallenen Engel‹ eine neue Bedeutung: Was könnten sie anderes sein, als abgestürzte Raumfahrer?

Die **Erschaffung der Welt** *wird in der Bibel genau dargestellt.*

Am Anfang schuf Gott Himmel und Erde und über den Fluten schwebte sein Geist. Dann ward Licht und Dunkelheit: Tag und Nacht entstanden. Gott sah, dass alles gut war, und schon war der erste Tag der Weltgeschichte vorbei.
Die Geschichte ist bekannt: Jeder, der mit der Bibel auch nur halbwegs vertraut ist, weiß, wie sie weitergeht. Der göttliche Schöpfer erschafft im Laufe von sechs Tagen nachei-

nander Land und Meer, den Himmel, die Pflanzen und die Tiere. Als Krönung des Ganzen entsteht zum Schluss der Mensch. Nachzulesen ist alles im ersten Kapitel des 1. Buches Mose, der Genesis.

Unglücklicherweise lässt es das Alte Testament aber nicht bei dieser plastischen und in sich schlüssigen Schöpfungsgeschichte bewenden. Eine zweite Version der Entstehung der Welt findet sich ebenfalls in der Genesis, aber ein Kapitel weiter. Nach dieser nicht nach Tagwerken geordneten Fassung formt Gott aus Lehm schon sehr früh ein Menschenpaar. Es entsteht dieses Mal, bevor der Schöpfer überhaupt den Garten Eden, das Paradies, anlegt und noch weit bevor er es mit Tieren bevölkert.

Beide Versionen von der Erschaffung der Erde sind nicht miteinander in Einklang zu bringen. Sie widersprechen sich in zentralen Punkten – und nicht nur darin, dass in der zweiten Fassung der siebente, arbeitsfreie Tag nach einer Woche harter Schöpfung nicht erwähnt wird. Zu erklären versucht wurde das bis in die 70er-Jahre des vorigen Jahrhunderts noch vor allem dadurch, dass bei der Wiedergabe der Erschaffung der Welt – mindestens – zwei unterschiedliche Autoren tätig waren. Da die zweite Schöpfungsversion zwar einen literarisch wie inhaltlich interessanten Anfang einer biblischen Erzählung bildet, es ihr aber im weiteren Fortgang ihrer Geschichte an einem erkennbaren Ende fehlt, gehen die meisten Forscher inzwischen nur noch von einer Quelle der Darstellung aus, der so genannten ›Priesterschrift‹. Die Doppelungen und Widersprüche, die es nicht nur bei der Schöpfungsgeschichte gibt, werden nach dieser Hypothese aus unterschiedlichen Überlieferungen und Textredaktionen erklärt.

Für diejenigen, die meinen, damit seien nun alle Unklarheiten beseitigt, sei hier nur noch eine kleine Ergänzung angebracht. Weiter hinten im Alten Testament, im Buch der Sprüche, findet sich eine weithin unbekannte dritte Version von der Entstehung der Welt, gewissermaßen die Fassung für die Intellektuellen. In ihr meldet sich als Person die Weisheit mit einem eigenen kurzen Schöpfungsbericht zu Wort: »Am Anfang hat der Herr mich geschaffen, ich war sein erstes Werk vor allen anderen. In grauer Vorzeit hat er mich gemacht, vor Beginn der Welt. Als ich geboren wurde, gab es noch kein Meer und keine Quelle brach aus der Tiefe hervor. Der Grund der Berge war noch nicht gelegt, die Hügel noch nicht entstanden. Gott hatte die Erde noch nicht gemacht, vom festen Land war noch nicht das Geringste zu sehen. Ich war dabei, als er den Himmel wölbte und den Horizont festlegte über dem Ozean, als er die Wolken hoch oben zusammenzog und die Quellen aus der Tiefe sprudeln ließ, als er dem Meer die Grenze bestimmte, die seine Fluten nicht überschreiten dürfen, als er die Fundamente der Erde abmaß, da war ich als Kind an seiner Seite. Ich freute mich an jedem Tag und spielte unter seinen Augen. Ich spielte auf dem weiten Rund der Erde und hatte meine Freude an den Menschen. Deshalb, ihr jungen Leute, hört auf mich! Wie glücklich sind alle, die mir folgen!« (Sprüche 8,22–32) Eine biblische Ermahnung, der kaum zu widersprechen ist.

Die **Evangelien** *geben das Leben Jesu genau wieder.*

Die Sache hätte so einfach sein können: Jesus streift lehrend und Wunder wirkend durch das Heilige Land, wobei sich in seinem Gefolge vier Männer befinden, die später einmal als ›die vier Evangelisten‹ bekannt werden sollten. Sie beobachten jeden seiner Schritte und notieren alle wesentlichen Sätze, die aus seinem Munde kommen. Heute würden sie wahrscheinlich einen ›Blog‹ im Internet betreiben, um die Welt über das Wirken des Messias auf dem Laufen zu halten.

Schade nur, dass es vor rund 2000 Jahren nicht so war. Matthäus, Markus, Lukas und Johannes führten damals nicht nur kein Tagebuch, sie brachten ihre Aufzeichnungen über das Wirken Jesu überdies auch keinesfalls noch zu dessen Lebzeiten zu Papier. Die vier biblischen Evangelien entstanden erst ungefähr zwischen den Jahren 65 und 120 nach Christus, also lange nach seinem Tod am Kreuz.

Dass die Evangelien so spät verfasst wurden, hat vor allem etwas damit zu tun, dass die ersten Christen kaum die Notwendigkeit sahen, Worte und Wunder ihres Heilands zu Papier zu bringen. Augenzeugen seines Wirkens lebten ja noch mitten unter ihnen und waren direkt zu befragen. Zudem war für sie das Weltende kein ungewisses Ereignis in ferner Zukunft. Sie gingen vielmehr davon aus, die Wiederkunft ihres Herrn noch persönlich zu erleben.

Als dann aber Jahr um Jahr verstrich, ohne dass das Jüngste Gericht tagte und immer mehr derjenigen starben, die Jesus noch von Angesicht zu Angesicht gekannt hatten, wuchs langsam doch der Wunsch, das Leben Jesu schriftlich für die Nachwelt festzuhalten.

Muss allein schon diese verhältnismäßig späte Niederschrift als Ursache möglicher Fehler gelten, kommt noch eine zweite hinzu. Die vier Evangelisten verstanden sich keinesfalls als Journalisten, die die Ereignisse, die zur Entstehung des Christentums führten, so unparteilich und objektiv wie möglich darstellen wollten. Sie wollten eher für den neuen Glauben werben und ihn für seine ehemals jüdischen oder auch heidnischen Anhänger verständlicher machen. Vorwerfen kann man ihnen das nicht. Es macht es für uns nur unmöglich, die Evangelien heute zu lesen wie einen einfachen Zeitungsbericht aus dem Israel der Zeitenwende.

Es gibt nur vier **Evangelien** *und vier* **Evangelisten**.

Nicht ganz falsch. Aber auch nicht ganz richtig. Zwar finden sich im Neuen Testament in der Tat nur die Aufzeichnungen der vier Evangelisten Matthäus, Markus, Lukas und Johannes. Dass die Kirche bis gegen Ende des vierten Jahrhunderts abschließend festgelegt hatte, welche Bücher zur Bibel gehörten und welche nicht, heißt allerdings weder, dass es über diesen so genannten ›Kanon‹ hinaus keine weiteren Evangelisten gibt, noch dass weitere Evangelien nicht bekannt sind.
Zu den sogenannten ›Apokryphen‹, d. h. verborgenen bzw. zum Gebrauch im Gottesdienst nicht zugelassenen Texten, gehört beispielsweise das Thomasevangelium, eine 1945 im oberägyptischen Nag Hammadi von Grabräubern entdeckte Sammlung von Aussprüchen Jesu und kurzen Szenen aus seinem Leben. Darüber hinaus gibt es auch ein Petrus- oder ein Philippusevangelium und sogar ein Judasevangelium, dessen Übersetzung erst im Jahr 2006 veröffentlicht wurde und dessen Inhalt deutlich macht, warum nicht alles im Sinne der christlichen Kirchen auch innen ein Evangelium ist, auf dem außen ›Evangelium‹ auf dem

Titel steht. Manche der Evangelien stehen nämlich vom kirchlichen Standpunkt aus eher bestimmten Irr- oder Geheimlehren wie dem Gnostizismus nahe als der von der Mehrheit der Gläubigen und der Theologen geglaubten und verbreiteten Lehre des Christentums.
Einige der apokryphen Texte sind zudem nur in kleinen Bruchstücken erhalten. Anders als eines der biblischen Evangelien, die jeweils die Lebensgeschichte Jesu in seinen wesentlichen Zügen wiedergeben wollen, können sie nur das eine oder andere Schlaglicht auf einige wenige Szenen im irdischen Leben des christlichen Messias werfen.
Aber auch kleine Lichter können ja manchmal Wesentliches erhellen …

Die Guten wurden schon immer mit dem **Ewigen Leben** *belohnt.*

Schön wär's! In den frühen Zeiten des Judentums galt es noch als alles andere als ausgemacht, dass die Seelen der rechtschaffenen Verstorbenen als Lohn für ihre guten Taten einmal zu Gott in den Himmel aufrückten. Damals ging man stattdessen davon aus, dass sich nach ihrem Tod unterschiedslos alle Verstorbenen in einem freudlosen unterirdischen Schattenreich, der Scheol, wiederfanden. Gleichgültig, ob sie auf Erden zu den Guten oder den Bösen gehört hatten, hier vegetierten sie trostlos und ohne Beziehung zu Gott dahin.
Gott zeigte sich nach dieser Vision statt im Jenseits lieber im Diesseits belohnend oder strafend. Jeden Tag sorgte er für einen wirkungsvollen Ausgleich des sittlichen Soll und Habens: Den Guten ging es gut, den Schlechten schlecht.

Dem frühen Judentum war es folglich fremd, sich mit Belohnungen im Jenseits über Defizite im Diesseits hinwegzutrösten, es setzte vielmehr auf ein erfülltes Hier und Jetzt.
Die bis weit in die hohe Dreistelligkeit hineinreichenden Lebenspannen der biblischen Stammväter – Abraham starb beispielsweise mit 175 Jahren »alt und lebenssatt« (1. Buch Mose 25,8) – gewinnt vor diesem Hintergrund eine neue Bedeutung. Wen Gott liebte und wen er für einen in seinen Augen wohlgefälligen Lebenswandel beschenken wollte, den belohnte er mit einem langen Leben, das von Leiden und Krankheiten weitgehend verschont blieb und sich auch rein materiell lohnte.
Auf das Jenseits orientierten die Juden sich erst, als das Diesseits für sie freudlos geworden war. Erst nach der Einnahme Jerusalems und der Zerstörung seines Tempels durch den babylonischen König Nebukadnezzar im Jahr 587 v. Chr. veränderte sich im Exil ›an den Flüssen Babylons‹ ihre Theologie. In der Fremde Trost und eine ausgleichende Gerechtigkeit darin zu suchen, nach dem Tod in der Nähe Gottes wieder aufzuerstehen und ein glückliches Leben zu genießen, dürfte jetzt für fromme Juden eine ausgesprochen verlockende Vorstellung geworden sein. Sie hat sich seither erhalten.

F

Vater, Mutter, Kind: diese Art von **Familie** *ist von Gott gewollt.*

Dieser Satz stimmt allenfalls, wenn man annimmt, dass göttliche Willensbekundungen inzwischen exklusiv über die Parteikundgebungen mancher christlicher Politiker oder die Erweckungsabende mancher kirchlicher Moralapostel erfolgen. Die bürgerliche Kleinfamilie als von allerhöchster Stelle favorisiertes Muster, um eine dauerhafte Beziehungskiste zu zimmern? Doch wohl eher nicht!

Liebe ist das große Thema der Bibel, und wohl keine der Arten, wie sie Menschen einander zeigen, ist ihr fremd. Sie will, oder besser: Gott will, dass die Menschen in einem verantwortungsvollen Zusammenleben miteinander glücklich werden, wie sie das tun, überlässt er zunächst einmal ihnen. Das heißt allerdings nicht, dass mit göttlichem Segen alles erlaubt ist: Eine solche Auffassung würde schlicht die Grundlagen jeden menschlichen Zusammenlebens unterhöhlen, jedes soziale Gebäude zum Einsturz bringen. Die Verbotslinie verläuft eindeutig da, wo durch das rücksichtslose Ausleben von Liebe, Lust und Leidenschaft andere mittelbar oder unmittelbar geschädigt werden.

Insofern hatte Gott im Alten Testament auch nichts gegen Polygamie, also die Tatsache, dass ein Mann sich mehrere Frauen nahm. Der biblische Stammvater Abraham war beispielsweise nicht nur mit seiner ersten Ehefrau Sara verheiratet. Zusätzlich zeugte er mit seiner ägyptischen Magd

Hagar seinen Sohn Ismail und heiratete nach dem Tod Saras ein zweites Mal, wobei er, wie aus dem 1. Buch Mose hervorgeht, daneben auch noch weitere Frauen hatte, die ihm Söhne gebaren.

Geradezu unersättlich in Bezug auf Ehen und Romanzen muten die beiden Könige David und Salomo an. Ersterer begnügte sich dabei nicht mit diversen Ehefrauen, der Künstler auf dem Königsthron fing zudem eine verhängnisvolle Affäre mit seiner verheirateten Nachbarin Bathseba an (siehe unter ›David‹), die von Gott streng bestraft wurde. Noch mehr sexuellen Appetit entwickelte sein Sohn Salomo. Über ihn notiert die Bibel trocken: »König Salomo hatte außer der ägyptischen Königstochter noch viele andere ausländische Frauen aus den Völkern der Moabiter, Ammoniter, Edomiter, Phönizier und Hetiter. (…) Insgesamt hatte Salomo 700 Ehefrauen und 300 Nebenfrauen. Sie hatten großen Einfluss auf ihn.« (1. Buch Könige 11,1–3) Die sprichwörtliche ›salomonische Weisheit‹ mag nach diesen Angaben durchaus in einem leicht zweifelhaften Licht erscheinen …

Jesus verurteilt die Vielehe im Neuen Testament an keiner Stelle ausdrücklich. Daraus eine ausdrückliche Billigung solcher Verbindungen zu konstruieren, dürfte indes ebenso falsch sein, wie ihn zum ausschließlichen Befürworter der Konstellation Vater-Mutter-Kind auszurufen. Der Grund für seine Zurückhaltung war wahrscheinlich hauptsächlich, dass zu seiner Zeit und in seiner Umgebung die Polygamie keine nennenswerte Rolle mehr spielte.

Heute wird sie im Übrigen – bis auf unwesentliche Splittergruppen – von Christen wie Juden gleichermaßen abgelehnt. Doch dies geschieht aus der Entwicklung eines kulturellen Kontextes heraus, mit biblischen Ge- oder Verboten hat es wenig bis gar nichts zu tun.

Schon Jesus predigte, dass Sünder im **Fegefeuer** *büßen müssen.*

Jesus predigte während der drei Jahre seines öffentlichen Wirkens in der Tat viel, und von den Vögeln des Himmels bis zu den Lilien auf dem Felde, von den Arbeitern im Weinberg bis zu den klugen Jungfrauen wusste er zu praktisch allem etwas Bedeutungsvolles zu sagen, ein Wort über ein Fegefeuer findet sich jedoch in seinen gesamten Reden nicht.
Die Existenz eines strafenden und reinigende ›Purgatoriums‹ wird durch die Bibel nicht eindeutig belegt. Dass es ein solches Feuer gibt, das mit Fegen übrigens nichts zu tun hat, sondern dessen Name sich vom Mittelhochdeutschen ›vegen‹ (reinigen) ableitet, kann nur durch Auslegung erschlossen werden. Gern werden dazu beispielsweise die Briefe des Apostels Paulus herangezogen.
So weist der Apostel in seinem ersten Brief an die noch junge Gemeinde in der Handels- und Hafenstadt Korinth darauf hin, dass nach Fehlern im Diesseits unweigerlich mit Konsequenzen im Jenseits zu rechnen sei. Das Feuer werde erproben, schreibt er mit schulmeisterlicher Strenge, wie die Leistungen jedes Einzelnen zu beurteilen seien. Selbst bei einer negativen Bilanz sei allerdings nicht alles verloren: Wenn das Lebenswerk eines Sünders die Feuerprobe nicht bestehe, könne er selbst immer noch gerettet werden, doch eben, wie Luther es in seiner Bibelübersetzung ausdrückt, nur »wie durch Feuer hindurch«. (1. Korintherbrief 3,15)
Während gläubige Katholiken durch solche Sätze das läuternde Feuer eindeutig bewiesen sehen, reichen reforma-

torischen wie orthodoxen Theologen solche Indizien nicht aus. Sie bestreiten die Existenz eines Fegefeuers aber auch aus grundsätzlichen Überlegungen: Es widerspreche der Lehre, dass die Menschen allein wegen ihres Glaubens vor Gott ›gerechtfertigt‹ seien, d.h. vor ihm bestehen könnten.

Inzwischen hat auch die neuere katholische Theologie mit dem himmlischen Sündenfeuer Schwierigkeiten. Sie lehnt die Vorstellungen von lodernden Flammen und unter Schmerzen leidenden ›armen Seelen‹ als zumindest missverständlich ab und spricht stattdessen lieber von einem ›Reinigungszustand‹. Theologisch mag das zwar korrekt sein, anregender für die Fantasie war sicherlich der alte Name.

Frauen *spielen in der Bibel keine Rolle.*

Dieser Irrtum lässt sich schon durch das handelnde Personal im Alten wie im Neuen Testament widerlegen. Sicher, Männer sind dort in der Überzahl, mögen sie nun Adam oder Abraham, David oder Daniel heißen, mag es sich bei ihnen um Könige, Propheten oder Apostel handeln. Aber wird dieses Aufgebot an männlichen Helden nicht mühelos aufgewogen durch eine einzige Frau? Was bedeuten schon gewonnene Schlachten dagegen, den Sohn Gottes auf die Welt gebracht zu haben?

Und die Gottesmutter ist bei weitem nicht die einzige Frau, die in der Bibel eine herausragende Rolle spielt. Angefangen bei Eva, deren großer Soloauftritt im Paradies nun allerdings nicht übermäßig glücklich verlief, zieht sich eine ganze Reihe bedeutender Frauen durch die Erzählungen der Bibel. Zu nennen wäre da im Alten Testament beispielsweise Ester, die es als Jüdin bis zur Königin Persiens brachte und die durch ihr entschlossenes Handeln einen Völkermord an den Juden verhinderte. Zu ihrer Erinnerung wird bis heute deshalb das jüdische Purimfest gefeiert.

Zu nennen wäre aber ebenso die Schankwirtin Rahab, die an manchen Stellen der Bibel auch als ›Hure‹ bezeichnet wird. Ihrer Klugheit ist es zu verdanken, dass die israelitischen Kundschafter Erfolg hatten und ihr Heer schließlich – unter und durch Posaunenschall – die Stadt Jericho einnehmen konnte. Nach nicht offiziell zu den biblischen Texten gezählten Schriften heiratete sie später übrigens den Feldherrn Josua, den Nachfolger des Mose, was sie nach einer Aufstellung im Matthäusevangelium direkt in den Stammbaum Jesu katapultierte: keine schlechte Karriere für eine ehemalige Prostituierte.

Im Neuen Testament steht ganz vorne in der Reihe wichtiger Frauen sicher Maria Magdalena, die völlig zu Unrecht hauptsächlich als Frau von zweifelhaftem Ruf dargestellt wird. Zu erinnern ist eher daran, dass Maria Magdalena der erste Mensch ist, der den auferstandenen Jesus zu Gesicht bekommt. Diese Ehre wurde keinem der Apostel zuteil, denn die hielten sich furchtsam vom Grab fern. Maria Magdalena ist es, die von ihrem Herrn beim Namen gerufen wird und die nach dem Johannesevangelium (20,11ff) fast zärtlich mit dem Hebräischen »Rabbuni!« (Meister) antwortet.

Woher dann aber der Eindruck, Frauen spielten in der Bibel nur eine unwichtige Nebenrolle? An Jesus dürfte das nicht liegen, denn dessen Lehren und Wirken bietet nicht den geringsten Anlass für die Annahme, Frauen seien für ihn ab-

solut zu vernachlässigen gewesen und er würde ihnen daher auch für die Zukunft höchstens eine dienende Funktion in der Kirche zubilligen. Frauen haben einfach darunter zu leiden, dass sie in der Bibel mengenmäßig unterrepräsentiert sind und sie deshalb – fälschlicherweise – weniger wichtig erscheinen. Zudem ist auch die Bibel stets ein Spiegel ihrer Zeit, und die war nun einmal damals von einer Gleichberechtigung der Geschlechter noch weit entfernt.
Wenn zu allem Überfluss dann auch noch ein Mann und Ausnahmetheologe wie Paulus mit der Aufforderung »Die Frauen sollen in euren Versammlungen schweigen!« (1. Korintherbrief 14,34) eines der folgenreichsten Zitate der Weltgeschichte prägt, ist das schon nahe am Super-GAU.
Dabei konnte der Apostel auch ganz anders. In seinem Brief an die christlichen Gemeinden des alten Galatiens, einer Landschaft nördlich des heutigen Ankara, schreibt er in einer Passage, die von evangelischer Seite heute gern zur Rechtfertigung der Öffnung geistlicher Ämter auch für Frauen benutzt wird: »Es hat nichts mehr zu sagen, ob ein Mensch Jude oder Nichtjude ist, ob Sklave oder frei, ob Mann oder Frau. Durch eure Verbindung mit Jesus Christus seid ihr alle zu einem Menschen geworden.« (Galaterbrief 3,28)
Wenn doch nur dieses Zitat es auch bis ganz nach oben auf der Hitliste biblischer Aussprüche geschafft hätte …

G

Von **Gott** *ist in der Bibel in jedem Kapitel die Rede.*

Falsch. Im Alten Testament gibt es sogar zwei ganze Bücher, in denen Gott mit keinem Wort erwähnt wird. Es ist dies zum einen das relativ schmale und eher unbekannte Buch Ester, zum anderen das ebenfalls nicht gerade umfangreiche, aber dafür umso bekanntere Hohe Lied Salomos.

Das Buch Ester erzählt die Geschichte von einem versuchten Völkermord an den im persischen Reich lebenden Juden und vor allem davon, wie es der schönen Jüdin Ester gelingt, diesen Versuch zu vereiteln. Ester, die ihr Judentum gegenüber ihrem Ehemann, dem persischen König Ahasveros oder Xerxes, verheimlicht hat, kommt in der mit Witz und Spannung erzählten Geschichte der Intrige eines gewissen Haman auf die Spur, der am Hof als höchster Regierungsbeamter dient. Aus gekränkter Eitelkeit – Esters Stiefvater Mordechai hatte sich geweigert, vor ihm niederzuknien – will er mit Billigung des Königs nun alle Juden des Landes ermorden lassen.

Ester schafft es im letzten Augenblick, Xerxes über die finsteren Absichten und die wahren Motive Hamans aufzuklären: Haman wird am selben Galgen aufgehängt, den er für Mordechai aufstellen ließ. Da ein königlicher Erlass sich aber nicht widerrufen lässt, bleibt der Aufruf zur Tötung der Juden weiter in Kraft. Zu ihrer Rettung wird daher ein zweites Edikt erlassen, das genau das Gegenteil des ersten

besagt: Dieses Mal sind es die Juden, die ihre Feinde umbringen dürfen.
Offensichtlich sind sie bei ihrem Gegenschlag nicht zimperlich: »In allen Städten des Reiches, in denen Juden lebten, taten sie sich zusammen und gingen gegen alle vor, die ihnen schaden wollten. Niemand konnte sich gegen sie behaupten, denn alle waren aus Furcht vor den Juden wie gelähmt.« (Ester 9,2) 75.000 Perser verlieren ihr Leben: ein Massenmord statt eines Völkermordes.
Das sogenannte ›Hohelied‹ Salomos, das aller Wahrscheinlichkeit nach gar nicht von ihm selbst stammt, stimmt als Gegensatz zur Mördergeschichte Esters einen anderen Ton an. In ihm geht es um die Liebe, und zwar in ihrer ganz körperlichen Form. Die Frau, die im Hohenlied ihren Partner beschreibt, tut das beispielsweise mit ausgesprochen erotischer Begeisterung und offener Leidenschaft: »Dem Libanon gleicht er an Stattlichkeit, den ragenden Zedern an Pracht und Kraft. Sein Mund ist voll Süße, wenn er mich küsst – ja, alles an ihm ist begehrenswert! Seht, so ist mein Liebster und mein Freund. Nun wisst ihr's, ihr Mädchen Jerusalems!« (Hoheslied 5,15f)
Ein kurzes Resümee? Beide Bücher mögen zwar in ihrem Text ohne die wörtliche Erwähnung Gottes auskommen, gottlose Bücher sind sie deswegen aber noch lange nicht. Insofern ist es vielleicht doch gar kein Irrtum, dass Gott in der Bibel in jedem Kapitel zu Wort kommt.

Dank der Bibel wissen wir genau, wie **Gott** *aussieht.*

Wer wissen will, wie Gott aussieht, müsste eigentlich nur in den Spiegel sehen. Heißt es doch in der Schöpfungsge-

schichte eindeutig: »Gott schuf die Menschen nach seinem Bild und als Mann und Frau.« (1. Buch Mose 1,27)
Würden wir Gott unvorbereitet gegenübertreten, hätten wir also kein Fremdeln zu erwarten. Science-Fiction-Wesen mit überdimensionierten Hirnschalen scheiden nach den unmissverständlichen Worten des Alten Testaments als höchstes Wesen ebenso aus wie Katzen, Schakale, Schlangen oder sonstige Mitglieder der weltweiten Tierfamilie. Ob unser christlicher Gott bei unserer himmlischen Begegnung allerdings wirklich als alter Mann mit Bart auf seinem Thron sitzen würde, mag aber bezweifelt werden. Belege für eine derart eindeutige Geschlechtsbestimmung gibt die Bibel nicht her. Auf verlässliche Augenzeugenschaft für sein Aussehen müssen wir nämlich verzichten. Das Göttliche in ihm ist so stark und das Menschliche in uns so schwach, dass wir seinen Anblick nicht ertragen könnten. Als beispielsweise Moses, der mit seinem Herrn ja nicht nur bei der Übergabe der Zehn Gebote durchaus engen Kontakt pflegte, ihn einmal bittet: »Lass mich deine Herrlichkeit sehen!« wird ihm von Gott diese Bitte abgeschlagen: »Mein Gesicht kannst du nicht sehen, denn jeder Mensch, der mich sieht, muss sterben.« (2. Buch Mose 33,18ff) Das Einzige, was Mose erlaubt wird und was er ertragen kann, ist ein Blick von hinten auf den vorüberziehenden Herrn.
Aber ist es nach den Anweisungen der Zehn Gebote nicht ohnehin Sünde, wissen zu wollen, wie Gott aussieht? Dort heißt es schließlich im barschen Ton der Übersetzung Martin Luthers: »Du sollst dir kein Bildnis noch irgendein Gleichnis machen, weder von dem, was oben im Himmel, noch von dem, was unten auf Erden, noch von dem, was im Wasser unter der Erde ist.« (2. Buch Mose 20,3)

Nach Meinung der meisten Theologen bedeutet dieses »mosaische Bilderverbot« keinesfalls, dass es allen Gläubigen untersagt sein sollte, sich ihre Vorstellungen von ihrem Gott zu machen: Welcher Glaube würde wohl auch ohne Idee von seinem Gott auskommen können? Was die Zehn Gebote verbieten sind ausschließlich kultische Plastiken wie später das goldene Kalb der ihrem Glauben untreu gewordenen Israeliten. Gott allein gebührt Verehrung und Anbetung, nicht irgendwelchen Götzenbildern, die Gesetzestafeln lassen da keine andere Deutung zu: »Wirf dich nicht vor fremden Göttern nieder und diene ihnen nicht. Denn ich, der Herr, dein Gott, bin ein leidenschaftlich liebender Gott und erwarte auch von dir ungeteilte Liebe.« (2. Buch Mose 20,5)
Dieser Satz birgt sogar gleich noch ein eigenes Gottesbild: »Gott ist die Liebe.« (1. Johannesbrief 4,16) Welche Gestalt sie auch immer annimmt …

Gott *ändert seine Meinung nie.*

Sollte man meinen. Er ist schließlich nicht nur ewig, allmächtig und allgegenwärtig, er ist auch allwissend. Und zumindest in dieser Eigenschaft dürfte man doch wohl erwarten können, dass ihm die Konsequenzen seiner Handlungen immer und überall auch bewusst sind. Anders ausgedrückt: Wenn ein Wesen überlegt handelt, dann doch wohl er!
Anscheinend nicht immer. Dass Gott Adam und Eva aus dem Paradies warf, war noch konsequent gewesen, hatten sie doch beide massiv gegen seinen erklärten Willen verstoßen. Dass er aber nur wenig später aus Zorn über das

immer noch eigensinnige Menschengeschlecht gleich seine ganze Schöpfung wieder rückgängig machen wollte, sieht doch ein wenig nach Wankelmut aus. Aber offensichtlich hat der Gott des Alten Testaments auch Gefühle, und zwar sehr starke: »Der Herr sah, dass die Menschen auf der Erde völlig verdorben waren. Alles, was aus ihrem Herzen kam, ihr ganzes Denken und Planen, war durch und durch böse. Das tat ihm weh, und er bereute, dass er sie erschaffen hatte.« (1. Buch Mose 6,5) Als Folge seines Unmuts drückt Gott gewissermaßen die große Löschtaste und die Sintflut ergießt sich über die Erde: Alle Lebewesen kommen um. Wirklich alle? Nein, natürlich nicht, der Schöpfer hatte es sich zum Glück für uns alle noch einmal anders überlegt. Noah und seine Familie überlebten ebenso wie ein Grundstock an Tieren.

In einer anderen Geschichte ärgerte sich Gott über die Lasterhaftigkeit der Stadt Ninive im heutigen Irak. Er schickte seinen Propheten Jona mit der Ankündigung dorthin, in 40 Tagen werde die Stadt zerstört. Die Bewohner waren verständlicherweise außer sich, doch die Drohung bewegte sie auch zur Umkehr. Sie taten Buße, gingen – im Wortsinn – in Sack und Asche und sogar die Tiere durften nicht mehr essen und trinken. Ihre Hoffnung drückte ihr König aus: »Vielleicht lässt Gott sich umstimmen. Vielleicht können wir seinen Zorn besänftigen und er lässt uns am Leben.« Und sie hatten richtig kalkuliert: »Gott sah, dass sie sich von ihrem bösen Treiben abwandten. Da tat es ihm Leid, sie zu vernichten, und er führte seine Drohung nicht aus.« (Jona 3,9f)

Ist der jüdische und christliche Gott also ein wankelmütiger Gott? Manchmal ändert er in der Tat seine Meinungen.

Aber ist das so negativ? Ähnliche Hoffnungen wie die Bewohner Ninives hegen schließlich auch moderne Beter. Auch sie setzen schließlich darauf, Gott dazu bewegen zu können, ihnen beizustehen und ihnen zu helfen. Und zwar ganz unabhängig davon, ob sie es nun verdient haben oder nicht …

Gott *lässt nicht mit sich handeln.*

Gott sei Dank: Auch dieser Satz ist falsch! Denn wenn man unter Beten die persönliche Kommunikation mit einem höheren Wesen versteht, bliebe davon nicht mehr viel übrig, wenn der Beter nicht darauf vertrauen könnte, dass er mit seinem Gebet auch die Meinung oder das Verhalten seines Gottes ändern oder wenigstens beeinflussen könnte. Jesus selbst hat seinen Anhängern sogar die Gewissheit gegeben, dass es etwas ausrichtet, wenn sie mit ihrem Gott sprechen: »Bittet und ihr werdet bekommen! Sucht und ihr werdet finden! Klopft an und es wird euch geöffnet!« (Matthäusevangelium 7,7)

Einer, der wie kaum ein zweiter in der Bibel mit seinem Herrn zu handeln versteht, ist der biblische Stammvater Abraham. Er hat zu seinem Gott ein sehr enges Verhältnis, und so scheint es ihn auch nicht übermäßig zu erstaunen, dass dieser eines Tages in Begleitung zweier Männer und in Menschengestalt vor seinem Zelt steht. Abraham zeigt sich von der Gastfreundschaft eines Orientalen, und als die drei sich nach einem großzügigen Mahl wieder auf den Weg machen, begleitet er sie noch ein kleines Stück.

Als das sündige Sodom in Sicht gerät, kommt Gott ins Grübeln: Soll er wirklich vor Abraham verheimlichen, dass er die Stadt wegen ihrer Verderbtheit zerstören will? Er entscheidet sich für Offenheit und der biblische Stammvater fürs Bitten und Verhandeln: »Willst du wirklich Schuldige und Unschuldige ohne Unterschied vernichten? Vielleicht gibt es in Sodom ja 50 Leute, die kein Unrecht getan haben. Willst du auch sie umkommen lassen und nicht lieber die ganze Stadt verschonen wegen der 50? Du kannst doch nicht die Unschuldigen zusammen mit den Schuldigen töten und die einen genauso behandeln wie die andern! Du bist der oberste Richter der ganzen Erde, darum darfst du nicht selbst gegen das Recht verstoßen!« (1. Buch Mose 18,23ff) Der Herr gibt nach.

Abraham macht weiter. »Und wenn es nur fünf weniger sind?« versucht er die Quote erneut zu senken. Der Herr gibt wieder nach.

Vierzig? Dreißig? Zwanzig? Abraham hört nicht auf. Hartnäckig macht er einen weiteren Versuch: »Nur noch ein einziges Mal lass mich reden, Herr, werde nicht zornig! Vielleicht sind es auch nur zehn.« (1. Buch Mose 18,32) Gott gibt sich auch mit zehn zufrieden, bricht den Handel dann aber ab. Die Wege trennen sich: Gott zieht weiter, Abraham geht zurück nach Hause.

Sein Einsatz sollte sich am Ende allerdings doch als nutzlos herausstellen: Selbst zehn Gerechte waren in Sodom nicht aufzutreiben, die Stadt ging im Schwefel- und Feuerregen unter.

Merke: Gott lässt zwar manchmal mit sich handeln, für dumm verkaufen lässt er sich aber nie.

H

Die **Heiligen Drei Könige** *waren Herrscher aus dem Morgenland.*

Zugegeben: Es könnte so gewesen sein. Es spricht zumindest nichts dagegen, dass sich ziemlich bald nach der Geburt Jesu drei Potentaten aus dem Orient namens Kaspar, Melchior und Balthasar an der Krippe einfanden, um dem Mensch gewordenen Herrn der Welt ihre Huldigung zu erweisen und ihn anzubeten. In der Bibel finden sich allerdings keine Angaben darüber, dass es auch genau so gewesen sein müsste.

Je nach Übersetzung wird im 2. Kapitel des Matthäusevangeliums von Sterndeutern, Weisen oder – in Anlehnung an den griechischen Bibeltext – sogar von Magiern gesprochen; dass es ihrer drei gewesen sind, wird bei Matthäus nirgendwo erwähnt. Auf diese Zahl wurde vielmehr daraus geschlossen, dass sie dreierlei Geschenke mit nach Bethlehem brachten: Gold, Weihrauch und Myrrhe, ein dem Weihrauch verwandtes Harz, das zur Einbalsamierung von Toten ebenso verwendet wurde wie als schmerzstillendes Mittel in der Medizin. Auch Gemälde an den Wänden von Katakomben, Kirchen und Kapellen legen sich auf keine definitive Anzahl der Männer aus dem Morgenland fest: In ihren Darstellungen variiert die Reisegruppe zwischen zwei und acht Personen.

Aber wenigstens die Namen, die sind doch authentisch? Leider auch nicht. Die Namen Kaspar, Melchior und Balthasar

werden an keiner Stelle der Bibel genannt. Sie entstammen späteren Legenden, wobei es viel zu ihrer Popularität beigetragen haben dürfte, dass sich ihre Anfangsbuchstaben in der lateinischen Schreibweise zur Abkürzung eines Segenswunsches fügen, der im deutschen Sprachraum auch heute noch von den Sternsingern an die Türen der von ihnen besuchten Häuser geschrieben wird: CMB, Christus mansionem benedicat, Christus segne dieses Haus.
Warum bei so vielen Unsicherheiten über die Personen der ›Heiligen Drei Könige‹ – War einer von ihnen wirklich ein ›Mohr‹? – dann aber die Sicherheit kommt, mit der ihre angeblichen Gebeine bis heute als Reliquien im Kölner Dom verehrt werden, das weiß nur Gott allein.

Die **Helden der Bibel** *sind immer grundehrlich und nie durchtrieben.*

Wirklich? Der erste Eindruck könnte ein anderer sein.
Da ist doch beispielsweise dieser Abraham, dessen gewaltiges Lebenswerk als Pionier des Glaubens an nur einen einzigen Gott bei den drei Weltreligionen Judentum, Christentum und Islam gleichermaßen anerkannt wird.
Abraham, der vermutlich irgendwann zwischen 2000 und 1700 vor Christus gelebt haben dürfte, bricht auf der Flucht vor einer Hungersnot nach Ägypten auf. Weil er Angst hat, die Ägypter könnten ein Auge auf seine offensichtlich sehr schöne Frau Sarai werfen und ihn selbst als lästigen Störenfried einer sich anbahnenden Affäre umbringen lassen, nimmt er seine Frau beiseite und gibt ihr einen Rat, der den Erzvater Israels als ziemlichen Feigling dastehen lässt. »Ich weiß«, beginnt er schmeichelnd, »dass du eine schöne Frau

bist!«, um dann in ebenso pessimistisch wie wahrscheinlich realistisch fortzufahren: »Wenn die Ägypter dich sehen, werden sie sagen: Das ist seine Frau, und sie werden mich totschlagen, um dich zu bekommen. Sag deshalb, du seist meine Schwester, dann werden sie mich deinetwegen gut behandeln und am Leben lassen.« (1. Buch Mose 12,11ff)
Im Klartext bedeutet dieser Vorschlag nichts anderes, als dass Abraham hier seine Frau zum Freiwild erklärt, um selbst unbeschadet davonzukommen. Schlimmer noch: Er führt sich wie ein alttestamentlicher Zuhälter auf, der sogar noch Vorteil aus den Liebesleistungen seiner Frau zieht.
Dieser glückliche Ausgang des Abenteuers scheint beide zu einer Wiederholung angeregt zu haben. Als sie um einiges später in das sogenannte ›Südland‹ ziehen, behauptet Abraham wieder von seiner Frau, die sich inzwischen nach Gottes Willen nicht mehr Sarai sondern Sarah (d. h. Fürstin) nennt, sie sei seine Schwester. Dieses Mal ist es Abimelech, der König von Gerar, der sie zu sich holt, aber auch er hat ebenso wenig Glück wie der ägyptische Pharao. Bevor es zu körperlichem Verkehr kommt, greift Gott ein: Er warnt Abimelech in einem Traum, sich an Sarah zu vergreifen.
Abrahams Enkel Jakob zeigte sich moralisch nicht viel vorbildlicher. Er war zwar Teil eines Zwillinsgpaares, sein Bruder Esau wurde aber um einen kurzen Moment vor ihm geboren. Damit fällt das Erstgeburtsrecht automatisch an ihn.
Beide Zwillinge bieten im weiteren Verlauf der Erzählung das klassische Motiv eines feindlichen Brüderpaares. Esau, Liebling seines Vaters Isaak, wird Jäger und zeichnet sich nicht gerade durch übermäßige geistige Beweglichkeit aus.

Jakob, den seine Mutter Rebekka vorzieht, ist dagegen Schafhirte und – wie sich bald zeigen wird – intellektuell um einiges reger als sein Bruder. Skrupellos nutzt er einmal den bohrenden Hunger Esaus aus, um ihm das Erstgeburtsrecht abzuluchsen. Wie das Alte Testament berichtet, hatte Jakob gerade Linsen gekocht, als Esau nach Hause kam. »Gib mir schnell etwas von dem roten Essen da«, rief er, »ich bin ganz erschöpft!« Jakob antwortete: »Nur wenn du mir vorher dein Erstgeburtsrecht abtrittst!« »Ich sterbe vor Hunger«, erwiderte Esau, »was nützt mir da mein Erstgeburtsrecht!« (1. Buch Mose 25,29) So schnell kann man sich selbst enterben, wenn man nicht aufpasst!
Vom moralischen Standpunkt sollte es sogar noch schlimmer kommen. Jakob hintergeht nicht nur seinen Bruder, er betrügt auch seinen Vater. Als Isaak alt und praktisch blind geworden ist, will dieser Esau ein letztes Mal segnen. Mit Rebekkas Hilfe, deren moralische Maßstäbe offensichtlich auch recht flexibel sind, gibt sich Jakob beim hilflosen Isaak als sein Bruder aus und erschleicht sich so den entscheidenden väterlichen Segen: »Gott gebe dir den Tau vom Himmel und mache deine Felder fruchtbar, damit sie Korn und Wein in Fülle tragen! Nationen sollen sich vor dir verneigen, und Völker sollen deine Diener werden. Du wirst der Herrscher deiner Brüder sein, sie müssen sich in Ehrfurcht vor dir beugen. Wer dich verflucht, den soll das Unglück treffen; doch wer dir wohl will, soll gesegnet sein!« (1. Buch Mose 27,28f) Esau geht ein zweites Mal leer aus, und dieses Mal zeigt er sich auch nicht gerade von vorbildlicher Großzügigkeit. Seine Gedanken nach dem Betrug durch seinen Zwillingsbruder könnten auch aus einem Krimi der Schwarzen Serie stammen: »Mein Vater lebt nicht

mehr lange. Wenn die Trauerzeit vorüber ist, werde ich meinen Bruder Jakob umbringen.« (1. Buch Mose 27,41)
Die Großen der Bibel also durchaus auch eine Ansammlung von Mördern, Dieben und Betrügern? Keineswegs. In den Texten des Alten und des Neuen Testaments finden sich auch genügend Beispiele für Hochherzigkeit, Nächstenliebe und uneigennützige Aufopferung. Kurzum: Die Bibel zeigt uns die Menschen so, wie sie sind: manchmal Vorbilder, manchmal aber leider auch alles andere als das.

Jesus wurde als erster auch mit seinem Leib in den **Himmel** *aufgenommen.*

Knapp daneben. Laut Bibel hatte er zumindest einen bekannten Vorläufer. Im 2. Buch der Könige wird ohne viel Aufhebens knapp davon berichtet, wie der Prophet Elija (auch Elia oder Elias) körperlich in den Himmel aufgenommen wurde, während er mit seinem Schüler Elischa in der Nähe der Stadt Jericho durch die Wüste wandelte: »Während sie so im Gehen miteinander redeten, kam plötzlich ein feuriger Streitwagen mit feurigen Pferden und trennte sie voneinander, und Elija fuhr in einem gewaltigen Sturm in den Himmel.« (2. Buch der Könige 2,11)
Das war's. Keine weiteren Worte. Kein Bericht darüber, was aus Elija geworden ist oder was ihn im Himmel erwartete. Nur eine lapidare Schlussbemerkung: »Elischa hob den Mantel Elijas auf, der zu Boden gefallen war, und kehrte an den Jordan zurück.« (2. Buch der Könige 2,13)
Die biblische Wortkargheit hat allerdings nicht verhindern können, dass die Himmelfahrt des Elija samt ihres flammenden Gefährts in den volkstümlichen Sprachgebrauch

einging. Viele historische Dampfeisenbahnen wurden und werden immer noch ›feuriger Elias‹ genannt.

Das **Hohelied Salomos** *kann man nur im übertragenen Sinn verstehen.*

So spießig ist die Bibel nun wirklich nicht, ganz im Gegenteil. Leib- und Lustfeindlichkeit ist besonders den Verfassern des Alten Testaments absolut fremd. Wer also das Hohelied Salomos, das im Hebräischen übrigens den Titel ›Lied der Lieder‹ trägt, eher sinnbildlich als sinnlich deuten wollte, griffe vermutlich zu kurz.
Sicher, wenn man will, kann man unter der im Hohenlied erdichteten und sehr klassischen Liebesgeschichte auch ganz prosaisch die Geschichte der Beziehung zwischen dem Volk Israel und seinem Gott verstehen. Namhafte Exegeten haben das bis in die Mitte des vorigen Jahrhunderts auch getan, aber ist diese Art der Deutung angesichts der vollblütigen Kraft der Texte nicht vielleicht doch etwas schwachbrüstig? Ist es wirklich realistisch, wenn unter dem im Text erwähnten aus Laub gebildeten Lager der Liebenden allein die fruchtbaren Ebenen Palästinas zu verstehen sind statt eines romantischen Liebesnests? Moderne Theologen sehen in dieser Art der Auslegung denn auch eher eine Form ›intellektueller Verstiegenheiten‹ (Herbert Haag) als eine zukunftsweisende Exegese.
Für eine Betrachtung des Hohenlieds als anrührende – und manchmal eben auch recht drastische –Liebeslyrik spricht zusätzlich, dass für die Menschen, die zur Zeit der Abfassung dieses Textes lebten, eine Gleichgültigkeit oder sogar Feindseligkeit gegenüber den Bedürfnissen des eigenen

Körpers schlicht undenkbar war. Sie sahen die Körperpflege und die Unterstreichung der leiblichen Schönheit nicht nur als ein wesentliches Mittel zur Förderung des Wohlgefühls an, für sie gehörten Leib und Seele auch so eng zusammen, dass sie für beides allein gar keinen eigenen Ausdruck kannten.

Mit seiner Körperbetontheit vertritt das Hohelied allerdings auch eine Moral, die mit späteren Vorstellungen vieler Christen über ein gottgefälliges Sexualleben kaum in Einklang zu bringen ist. Kein Gedanke wird in ihm etwa daran verschwendet, dass die beiden in ihm offensichtlich auf ein erotisches Abenteuer zusteuernden Partner auch verheiratet sein müssten. Wären sie es tatsächlich, bräuchte beispielsweise die Heldin der Geschichte doch nicht nächtens und ruhelos auf der Suche nach einem Mann die Stadt durchstreifen wie ein moderner Single die Partnerbörsen des Internets: »Nachts lieg ich auf dem Bett und kann nicht schlafen. Ich sehne mich nach ihm und suche ihn, doch nirgends kann mein Herz den Liebsten finden. Ich stehe auf und eile durch die Stadt, durch Gassen, über leere Plätze – ich sehne mich nach ihm und suche ihn, doch nirgends kann ich meinen Liebsten finden.« (Das Hohelied 3,1f)

Augenscheinlich führt dieser Einsatz am Ende auch zum Erfolg, denn irgendwann kann die von ihren Sehnsüchten erzählende Frau endlich einen Mann – man kann es nicht anders sagen – »abschleppen«: »Ich halt ihn fest und lass ihn nicht mehr los; ich nehm' ihn mit nach Hause in die Kammer, in der meine Mutter mich geboren hat. Ihr Mädchen von Jerusalem, lasst uns allein! Denkt an die scheuen Rehe und Gazellen: Wir lieben uns, schreckt uns nicht auf!« (Das Hohelied 3,4f)

Alles nur eine allegorische Darstellung? Das wäre doch nun wirklich zu schade!

Homosexualität *wird schon von der Bibel verurteilt.*

Auch wenn vorgeblich bibeltreue Christen diesen Eindruck gern hervorrufen, im Licht kritischer Bibelauslegung lässt er sich nicht unbedingt aufrecht erhalten.
Die Gegner der Homosexualität berufen sich vor allem auf das 3. Buch Mose, das so genannte Buch ›Leviticus‹, wo ohne jeden Anflug von Gnade bündig festgelegt wird: »Wenn ein Mann mit einem anderen Mann geschlechtlich verkehrt, haben sich beide auf abscheuliche Weise vergangen. Sie müssen getötet werden; Blutschuld lastet auf ihnen.« (3. Buch Mose 20,13) Diese harte Strafandrohung blieb in der Praxis aber offensichtlich folgenlos: Im kompletten Alten Testament, das in seiner Schilderung von harten Bestrafungen ansonsten ja alles andere als zimperlich ist, findet sich kein einziger Fall, bei dem jemand wegen homosexueller Akte getötet wurde.
Warum dann aber dennoch solche Strenge? Der Grund ist einfach: Sexualität darf für das traditionelle Judentum zwar lustbetont sein, sie ist aber nicht vorstellbar ohne das Ziel der Fortpflanzung, – ähnlich argumentiert übrigens auch die katholische Kirche bei ihrer Ablehnung der künstlichen Geburtenregelung, nur dass den kirchlichen Oberen dabei die Lust am Sex generell aus dem Blickfeld gerät.
Da gleichgeschlechtlicher Sexualität kein Nachwuchs entspringen kann, gilt sie konservativen und orthodoxen Juden als verwerflich. Für sie ist entscheidend, dass sie der alttestamentlichen Aufforderung an Adam und Eva widerspricht:

»Seid fruchtbar und mehret euch, erfüllt die Erde und macht sie euch untertan!« (1. Buch Mose 1,28)
Weil die Autoren des Alten Testaments anscheinend nur darauf achteten, dass die Verbindung zweier Menschen den Stamm und das Volk vergrößerte, erscheint die biblische Verurteilung gleichgeschlechtlicher Beziehungen aus heutiger Sicht überholt. Das Alte Testament hatte einfach einen anderen Begriff von Sexualität; es verstand sie eher instrumentell und nicht als Teil einer umfassenderen Liebesbeziehung. Insofern sind die alten Verurteilungen kaum noch als Wegweiser durch unsere heutige, komplexer gewordene Realität brauchbar.
Und das Neue Testament? Auch aus ihm lässt sich nicht unbedingt eine Waffe gegen die Homosexualität schmieden. In keinem der vier Evangelien taucht sie auf, wofür zwei Ursachen maßgeblich sein könnten: Entweder gab es zur Zeit Jesu keine Homosexuellen in Israel – eine eher unwahrscheinliche Annahme – oder für Jesus war das Thema ›Homosexualität‹ einfach nicht wichtig.
Der Apostel Paulus war da von ganz anderem Kaliber. Während Jesus die sexuelle Ausrichtung seiner Anhänger nicht zu interessieren schien, geriet sie bei Paulus plötzlich umso stärker ins Blickfeld. So findet sich im 1. Korintherbrief die berühmte Stelle, mit der er bis heute zum Kronzeugen für die biblische Ablehnung der Homosexualität gemacht wird. In der Tat wettert er in dem um das Jahr 54 geschriebenen Brief gegen Homosexuelle, die er mit dunklen Charakteren jeder Art gleichsetzt und denen er jegliche Chance auf Aufnahme ins Himmelreich abspricht: »Gebt euch keiner Täuschung hin! Weder Unzüchtige noch Götzendiener, noch Ehebrecher noch Weichlinge, noch Knabenschänder, noch

Diebe noch Habsüchtige, noch Trunkenbolde, noch Lästerer, noch Räuber werden Anteil haben am Reiche Gottes.« (1. Korintherbrief 6,9f)

Gegenüber dieser finsteren Prophezeiung verbietet sich angesichts der Wucht der Verdammung ein beschönigendes ›Er wird es nicht so gemeint haben!‹. Entweder man akzeptiert sie und versteht damit die Bibel fundamentalistisch und ahistorisch oder man begreift die Position des Apostels Paulus aus seiner Zeit und Kultur heraus.

Für diese zweite Möglichkeit spricht, dass Paulus die Homosexualität im Einklang mit dem damaligen Judentum als eine gottlose und widernatürliche, aber eben auch willkürliche Verirrung betrachtete und sie deswegen auf eine Stufe mit Verbrechen stellte. Sie wird dadurch zwar herabgemindert, aber auch nicht besonders betont. Paulus sieht in den Verstößen gegen die von Gott gesetzte Ordnung ein Werk alten, vorchristlichen Geistes. Er befürchtet für die urchristlichen Gemeinden den Rückfall auf die moralische Stufe des Heidentums, für das nach seiner Meinung gleichermaßen Götzendienst, Verbrechen wie Sittenlosigkeit charakteristisch war.

Lassen sich aus dem strengen, aber eben auch rund zweitausend Jahre alten Urteil des Apostels Paulus nun unmittelbar Verhaltensregeln für unsere Gegenwart ableiten? Doch wohl eher nicht. Was Paulus, immerhin einer der bedeutendsten Theologen der frühen Christenheit, schrieb und sagte, besitzt – bei allem gebotenen Respekt – nicht den Rang einer absoluten Wahrheit oder eines Gottesworts. Gegenteilige Meinungen sind durchaus möglich und sie fallen keineswegs unter irgendwelche Kirchenstrafen. Für einen von manchen gewünschten Bannstrahl der Kirche in Richtung auf die homosexuellen Glaubensbrüder und -schwestern dürfte es alles in allem also keine biblische Begründung geben.

I

Inzucht *treiben in der Bibel nur die Bösen.*

Inzucht oder Inzest, also die auch als ›Blutschande‹ bezeichnete sexuelle Beziehung zwischen nahen Verwandten, wird in den meisten Gesellschaften und Kulturen mit einem deutlichen Tabu belegt. Auch die Bibel macht da keine Ausnahme: Im dritten Buch Mose beginnen die Ge- und Verbote zum Thema Sexualität mit einem grundsätzlichen Verbot des Inzests: »Kein Mann unter euch darf mit einer Blutsverwandten Geschlechtsverkehr haben. Ich bin der Herr!« (3. Buch Mose 18,6) Um Deutlichkeit bemüht, belässt es die Bibel nicht bei dieser knappen Ansage, sondern schiebt gewissermaßen noch detaillierte Ausführungsbestimmungen nach. So sind der Verkehr mit dem Vater und der Mutter, mit der Stiefmutter, mit Geschwistern, Enkeln, Onkeln und Tanten, mit der Schwiegertochter oder der Schwägerin verboten. Nicht erlaubt sind etwa auch der gleichzeitige Sex mit Mutter und Tochter oder – aus praktischen Gründen vermutlich ohnehin ein Einzelfall – mit der Enkelin.

Bei diesen Regeln sticht gleichfalls ins Auge, dass es in den Zelten, Hütten und Palästen des alten Israels durchaus nicht streng monogam zuging. Eine strenge Ermahnung wie die folgende wäre sonst kaum nötig gewesen: »Du darfst nicht die Schwester deiner Frau zur Nebenfrau nehmen, solange deine Frau noch lebt.« (3. Buch Mose 18,18)

Soweit die – unmissverständliche – Theorie. Die sexuelle Praxis in biblischen Zeiten sah leider anders aus, auch dafür gibt das Alte Testament Zeugnis. Mag es unter den Nachkommen von Adam und Eva aus verständlichen Gründen gar nicht anders gegangen sein, als quasi im engsten Familienkreis zu heiraten, so entfiel diese Entschuldigung später irgendwann. Sie galt beispielsweise nicht mehr für den biblischen Patriarchen Abraham, der mit Sara, seiner Halbschwester, verheiratet war, und auch nicht für dessen Enkel Esau, der – zusätzlich zu anderen Frauen – auch noch Mahalat ehelichte, ebenfalls eine Enkelin Abrahams.

Schlimmer noch trieben es die Töchter Lots, der mit ihnen gerade eben noch der Vernichtung der beiden Lasterhöhlen Sodom und Gomorrha entkommen ist. Ziemlich allein sitzen sie nun mit ihrem Vater in den Bergen, weit und breit ist für sie kein Bräutigam in Sicht.

In dieser düsteren Situation verfallen sie auf einen verwegenen Plan, um den Nachwuchs für ihre Familie zu sichern. Die Ältere überredet die Jüngere: »Komm, wir wollen unseren Vater heute Nacht mit Wein betrunken machen und uns dann zu ihm legen. So können wir von ihm Kinder bekommen!« (1. Buch Mose 19,32)

Erwartungsgemäß merkt Lot nicht, welches Spiel seine beiden Töchter mit ihm treiben. Volltrunken, aber offensichtlich nicht zeugungsunfähig, schläft er in zwei aufeinanderfolgenden Nächten mit ihnen und sorgt so für Nachwuchs.

Bemerkenswert an dieser nach heutigen Maßstäben höchst unmoralischen Geschichte ist vor allem, dass sich augenscheinlich niemand an ihr stört. Weder regt sich im himmlischen Herrn sein berühmter alttestamentlicher Zorn, noch haben die Töchter irgendwelche Schuldgefühle oder ihr Vater wundert sich auch nur im Entferntesten über das plötzliche Auftauchen zweier Nachkommen, für deren Erscheinen es ja nur eine einzige – und für ihn eher peinliche – Begründung geben kann. Selbst der biblische Autor findet den praktizierten Inzest schließlich nicht so bedeutsam, dass er über ihn ein Wort des Missfallens verlöre. Inzest im Alten Testament war also keinesfalls nur eine Sache, die man den sittlich verderbten und heidnischen Bösen jenseits der Grenzen vorwerfen konnte. Solche Beziehungen kamen – trotz göttlichen Verbotes – anscheinend in den besten Familien vor. Auch viele Helden der Bibel haben eben ihre dunklen Punkte …

J

Jericho *wurde von Posaunen zerstört.*

Jericho, heute eine lebhafte Kleinstadt von rund 25.000 Einwohnern in den so genannten ›Palästinensischen Autonomiegebieten‹, gilt als eine der ältesten ununterbrochen bewohnten Siedlungen der Welt. In seiner bis in die Steinzeit zurückreichenden Geschichte wurde der Ort mehrfach zerstört, aber immer wieder aufgebaut.

Eine dieser Zerstörungen wird im Alten Testament geschildert, und sie dürfte selbst bei notorischen Nichtlesern der Bibel wegen der einzigartigen Sturmtaktik bekannt sein, mit der das israelitische Heer die Stadt einnahm: Das vom Mose-Nachfolger Josua befehligte Heer spielte ihre Befestigungen gewissermaßen durch forcierten Musikeinsatz in Grund und Boden!

Gott hatte die Israeliten angewiesen, sechs Tage lang einmal täglich um die Stadt herumzuziehen, am siebenten Tag aber diesen Marsch gleich siebenmal zu wiederholen und dabei laut ins Horn zu stoßen. Der Erfolg war entsprechend: Die Stadt konnte nach dieser Vorarbeit erobert werden, wobei sich die Israeliten als nicht gerade zimperlich erwiesen.

Die Zerstörung der Stadt fiel so blutig aus, dass es nicht übertrieben erscheint, hier von einem frühgeschichtlichen Völkermord zu sprechen: Die Israeliten »erschlugen nach dem Befehl des Herrn alles, was in der Stadt lebte, mit dem

Schwert: Männer und Frauen, Kinder und Alte, Rinder, Schafe und Esel«. (Josua 6,21)

Die musikalische Attacke auf die Stadt Jericho samt ihren Folgen war also alles andere als harmlos. Ein paar offene Fragen bleiben zudem auch dann, wenn man gläubig geneigt ist, das Faktum selbst nicht in Zweifel zu ziehen. Waren es wirklich Posaunen, die die Stadtmauern Jerichos zum Einsturz brachten?

Wie so oft im Leben, kommt es auch hier auf den Blickwinkel an, aus dem die erfolgreiche ›Operation Mauerfall‹ betrachtet wird. Je nach Übersetzung sind es in der Luther-Übersetzung in der Tat Posaunen, die – natürlich mit göttlicher Hilfe – das Wunder vollbringen. Die umgangssprachliche Gute-Nachricht-Bibel spricht einfach von Hörnern, während die Einheitsübersetzung ebenso wie etwa die Elberfelder Bibel Widderhörner gehört haben will.

Jericho wurde von Posaunen zerstört? Insgesamt gesehen doch wohl eher nicht: Allenfalls die Stadtmauern wurden von Hörnern umgeblasen, die eigentlichen Zerstörungen waren wie immer in solchen Fällen pures Menschenwerk. Und warum dann überhaupt der ganze übernatürliche Aufwand? Hauptsächlich wohl aus einem einzigen Grund: Den Israeliten wie allen späteren Lesern der Bibel sollte klargemacht werden, dass die Eroberung Jerichos wie die des ganzen Landes Kanaan nicht menschlicher Militärkunst, sondern vor allem göttlichem Eingreifen zu verdanken war. Oder, wie es der Volksmund etwas einfacher ausdrückt: »Ohn' Gottes Gunst ist alles umsunst!«

Jesus *hatte noch Brüder und Schwestern.*

Die Bibel selbst scheint gleich an mehreren Stellen Belege dafür zu liefern, dass Jesus kein Einzelkind war. Im zwölften Kapitel des Matthäusevangeliums ist Jesus beispielsweise gerade einmal wieder am Predigen, als er von einem seiner Zuhörer mit einer knappen Mitteilung unterbrochen wird wie ein Topmanager von seiner Sekretärin: »Deine Mutter und deine Brüder stehen draußen und wollen dich sprechen!« (Matthäusevangelium 12,47)

Ein Kapitel weiter werden sogar Namen genannt. Dieses Mal lehrt Jesus in der Synagoge seiner Heimatstadt Nazareth, und ausnahmsweise scheinen seine Zuhörer recht wenig von ihm beeindruckt zu sein. Statt sich mit seinen Worten und Taten auseinander zu setzen, beschäftigen sie sich lieber mit seinem familiären Hintergrund: »Ist er nicht der Sohn des Zimmermanns? Ist nicht Maria seine Mutter und sind nicht Jakobus, Josef, Simon und Judas seine Brüder? Leben nicht auch seine Schwestern alle hier bei uns? Woher hat er dann das alles?« (Matthäusevangelium 13,55ff)

Der Evangelist resümiert bündig: »Deswegen wollten sie nichts von ihm wissen«, Jesus selbst zieht die bekannte, ebenfalls eher negative Bilanz: »Ein Prophet gilt nirgends so wenig wie in seiner Heimat und in seiner Familie.« Und das Ergebnis ist eindeutig: »Weil sie ihm das Vertrauen verweigerten, tat er dort, d.h. in seiner Heimatstadt, nur wenige Wunder.«

Zwei Bibelstellen, vier Brüder und mindestens zwei – namentlich allerdings nicht genannte – Schwestern: Damit scheint die Sache doch ziemlich klar zu sein. Im Wege steht einem abschließenden Urteil eigentlich nur die Jungfräulichkeit Mariens. Wenn die Gottesmutter nämlich, wie es beispielsweise die katholische Kirche lehrt, immer Jungfrau war und blieb, woher stammen dann die angeblichen Geschwister Jesu?

Namhafte Theologen und Kirchenväter von Hieronymus bis Augustinus und darüber hinaus beharren deshalb trotz der zitierten Bibelverse auf der Einzelkindhypothese. Als Lösungsmöglichkeit für die immer noch offene Frage nach möglichen Geschwistern bieten sie an, dass es sich bei den so genannten ›Brüdern und Schwestern‹ des Messias eigentlich nur um andere nahe Verwandte gehandelt haben könne: Cousins und Cousinen oder vielleicht sogar Stiefgeschwister.

Letzteres würde allerdings wiederum bedeuten, dass Josef vor seiner Ehe mit Maria bereits einmal mit einer anderen Frau verheiratet war. Dieser Gedanke ist vielen Theologen wie überhaupt vielen Christen jedoch ebenfalls nicht sympathisch, weil er dem biblischen Paar ›Maria und Josef‹ die Einzigartigkeit rauben würde. Wer letzten Endes genau zu deren Haushalt gehörte, wird damit wohl für immer ein Rätsel bleiben.

Jesus *hatte eine grenzenlose Geduld.*

Der schönen Bilder sind ja nun wirklich genug: der gute Hirte im langen weißen Gewand mit einem ebenso weißen Lämmchen auf dem Arm, der verständnisvolle Heiland, der selbst den schlimmsten Sündern noch verzeiht, oder auch der gütige Lehrer, der die Kindlein zu sich kommen lässt. War Jesus während seines irdischen Lebens also ein

Gutmensch von einzigartiger Milde und Gelassenheit? Mit Sicherheit nicht. Oder zumindest nicht nur.
Das wohl augenfälligste Beispiel dafür, dass Jesus der menschlichen Gesellschaft keineswegs nur mit großer Duldsamkeit begegnete, findet sich beim Evangelisten Matthäus. Mit ungewöhnlicher Schärfe heißt es dort im zehnten Kapitel eines Textes, in dem die Jünger in die Welt hinaus gesandt werden: »Denkt nicht, ich sei gekommen, um Frieden auf die Erde zu bringen. Ich bin nicht gekommen, um Frieden zu bringen, sondern das Schwert.« (Matthäusevangelium 10,34)
Doch es stimmt schon: An vielen Stellen des Neuen Testaments zeigt sich Jesus als liebender Vater, der für die Seinen sorgt. Wie ein guter Vater lässt er sich aber nicht auf der Nase herumtanzen, unverkennbar kann er auch die fordernde Strenge eines auf Leistung und Disziplin achtenden Hausherrn hervorkehren. In einem Gleichnis erzählt er beispielsweise von einem Mann, der auf eine Reise ging, vorher aber noch seinen drei Dienern sein Vermögen anvertraute. Zwei von ihnen machten mit diesem Geld gute Geschäfte und verdoppelten die Summe. Der dritte jedoch hatte anscheinend wenig Vertrauen in die Wirtschaft des alten Israels: Er vergrub das ihm anvertraute Geld lieber statt damit zu spekulieren.
Als der Herr nach längerer Abwesenheit nun wieder in sein Haus zurückkam, verhielt er sich wie ein moderner Wirtschaftsliberaler, nach dessen Meinung sich Leistung endlich wieder lohnen müsse. Er lobte und belohnte seine beiden geschäftstüchtigen Diener, seinen ängstlichen Knecht ließ er dagegen unsanft hinauswerfen. Christen – so ist dieses Gleichnis wohl zu deuten – dürfen sich nicht damit

begnügen, untätig auf die Wiederkunft ihres Herrn zu warten. Ihr Messias verlangt etwas von ihnen: Sie sollen selbst aktiv werden für das Reich Gottes und die Verbesserung dieser Erde. (vgl. Matthäusevangelium 25,14ff)
Und noch etwas: Jesus konnte offensichtlich durchaus auch wütend werden. Im 21. Kapitel des Matthäusevangeliums findet sich beispielsweise die Schilderung eines merkwürdigen Vorfalls, der wohl kaum von einer grenzenlosen Geduld des Messias zeugt.
Der Evangelist berichtet, dass Jesus eines Tages nach Jerusalem kam und Hunger hatte. In dieser für ihn unangenehmen Situation stieß er am Straßenrand auf einen Feigenbaum, damals Lieferant eines der Grundnahrungsmittel für arme Leute. Dieser spezielle Baum hatte außer einem dichten Blattwerk allerdings absolut nichts zu bieten; Früchte waren an ihm nicht zu finden. Jesus reagierte auf diese Enttäuschung alles andere als gelassen. Er machte mit der unglücklichen Pflanze kurzen Prozess, indem er sie anfuhr: »Niemals sollst du mehr Frucht tragen!« Der Baum verdorrte sofort. (vgl. Matthäusevangelium 21,18f)
Manchmal hatte anscheinend auch der Messias einen schlechten Tag …

Jesus *war groß, schlank und hatte lange schwarze Haare.*

Rund zweitausend Jahre Kunstgeschichte und nicht zuletzt das ebenso berühmte wie in seiner Echtheit umstrittene Grabtuch von Turin haben uns ein Bild von Jesus vermittelt, das zumindest viele Menschen des christlichen Abendlandes schon allein bei der Nennung seines Namens an einen großen, schönen Mann denken lässt, der als eine Art

›Dressman des Christentums‹ für jede Missionskampagne unter den Ungläubigen der westlichen Industriestaaten posieren könnte. Aber sah Jesus wirklich so aus?
Die biblischen Texte helfen uns in dieser Frage nur wenig weiter, denn alle vier Evangelien halten sich mit Äußerungen über das irdische Aussehen des Gottessohnes sehr zurück. Daraus ist zweifellos zu schließen, dass dieses Thema den Evangelisten nicht wichtig genug war, um es der Nachwelt zu überliefern, ihre Zurückhaltung deutet jedoch auch darauf hin, dass Jesus kaum anders ausgesehen haben dürfte als die Landsleute, die ihn umgaben. So schaffte er es beispielsweise immer wieder, in einer Menschenmenge unterzutauchen und selbst sein Verräter Judas musste ihn erst mit einem falschen Bruderkuss identifizieren, damit die römischen Soldaten ihn gefangen nehmen konnten. Wäre er eine im Wortsinn ›herausragende‹ Gestalt gewesen oder hätte er über sonstige körperliche Eigenheiten verfügt: Diese Aktion wäre wohl kaum vonnöten gewesen.
Wie aber sah der durchschnittliche Jude zur Zeit Jesu nun eigentlich aus? Der britische Fernsehsender BBC ist diese Frage vor einiger Zeit für einen Dokumentarfilm mit den Mitteln moderner forensischer Medizin angegangen. Wissenschaftler untersuchten dabei Knochen und ganze Skelette aus dem Palästina der Zeit Jesu. Ihre Forschungen und Rekonstruktionen ergaben, dass der durchschnittliche semitische Mann damals nur etwa 1,55 m groß war und rund 50 Kilogramm wog. Um Fett dürfte es sich zumindest im Falle Jesu bei diesem Gewicht kaum gehandelt haben: Als in der väterlichen Werkstatt arbeitender Sohn eines Zimmermanns haben wir uns unseren Heiland eher von der Sonne gebräunt und muskulös vorzustellen.

Mag durch diese Forschungen der Raum für Spekulationen über das Aussehen Jesu auch etwas enger geworden sein, eine Frage können Knochenlängen und Schädelformen trotz aufwändiger Computersimulationen nicht beantworten: Ob Jesus sein Haar kurz oder lang, in Locken oder eher glatt trug, wird für immer der Phantasie jedes einzelnen überlassen bleiben.

Jesus *war ein strenger Asket.*

Falsch. Glücklicherweise falsch, wie mancher denken mag, der schon Gelegenheit hatte, an einem heißen Tag ein kühles Klosterbräu zu genießen oder sich an einem Glas aus den besten Lagen klösterlicher Weinberge zu erfreuen.
Das wohl bekannteste Beispiel dafür, dass Jesus leiblichen Freuden nicht abgeneigt war, findet sich im zweiten Kapitel des Johannesevangeliums. In einer der wohl bekanntesten Erzählungen des Neuen Testaments sind Jesus und seine Mutter Maria auf eine Hochzeit im vermutlich galiläischen Kana eingeladen. Das Brautpaar hatte offensichtlich nur Augen für sich, es konnte nicht planen oder die Gäste waren schlicht trinkfreudiger als angenommen: In jedem Fall ging der Wein vorzeitig aus.
Auf Bitten seiner Mutter nimmt sich Jesus des peinlichen Mangels an und verwandelt den Inhalt von sechs großen Wasserkrügen, von denen jeder rund 100 Liter fasste, in Wein. Er ist so gut, dass der für das Catering des Festes Verantwortliche den Bräutigam mit dem überaus praxisnahen Vorwurf tadelt: »Jeder bringt doch zuerst den guten Wein auf den Tisch, und wenn die Gäste schon reichlich getrunken haben, folgt dann der schlechtere. Aber du hast

den guten Wein bis zuletzt aufgehoben!« (Johannesevangelium 2,10)
Dieses von Johannes als das erste Wunder Jesu überhaupt geschilderte Zeichen seiner Macht ist weit mehr als nur ein Taschenspielertrick, wie er heute noch von Magiern in Varietés benutzt wird, um das staunende Publikum zu verblüffen. Wein steht in der Bibel ganz allgemein als Symbol für Lebensfreude, für frohes Feiern und für ausgelassene Feste. Wenn Jesus sich ganz persönlich darum kümmert, dass sein Nachschub in einem für Braut wie Bräutigam sehr wichtigen Moment nicht ins Stocken gerät, kann das wohl kaum darauf hindeuten, dass er seinen Genuss missbilligt.
Und mehr noch: Bei den Evangelisten Matthäus und Lukas findet sich eine Stelle, in der Jesus die Bilder vergleicht, die sich die Menschen von ihm und Johannes dem Täufer machen – mit einem frappierenden Ergebnis: »Johannes ist gekommen, aß nicht und trank nicht und die Leute sagen: ›Er ist von einem bösen Geist besessen.‹ Der Menschensohn ist gekommen, isst und trinkt und jetzt sagen sie: ›Seht ihn euch an, diesen Vielfraß und Säufer, diesen Kumpan der Zolleinnehmer und Sünder!‹« (Matthäusevangelium 11,18f)
Jesus widerspricht diesem Bild nicht, dass sich eine anscheinend permanent mäkelnde Menschheit von ihm macht. Er fügt nur trocken hinzu: »Die Weisheit Gottes wird bestätigt durch die Taten, die sie vollbringt.«
In der Tat: Jesus mag kein Asket gewesen sein, mit Sicherheit war er aber ein Freund des Understatements …

Jesus *wurde nur von Männern begleitet.*

›Kirche ist Männersache‹. Dieses Vorurteil ist ebenso falsch wie die Vermutung, Jesus hätten auf seinen Wanderungen ausschließlich Männer begleitet. Ein wichtiger Beleg dafür, dass das keinesfalls so gewesen sein kann, findet sich im achten Kapitel des Lukasevangeliums. Im Anschluss an einen Zusammenstoß mit einem Pharisäer, der sich darüber aufregte, dass Jesus sich von einer stadtbekannten Sünderin die staubigen Füße waschen und salben ließ, heißt es dort: »In der nun folgenden Zeit zog Jesus von Stadt zu Stadt und von Dorf zu Dorf. Überall verkündete er die frohe Botschaft, dass Gott jetzt seine Herrschaft festigen und sein Werk vollenden werde. Dabei begleiteten ihn ständig die Zwölf und einige Frauen, die er von bösen Geistern befreit und von Krankheiten geheilt hatte. Es waren Maria aus Magdala, aus der er sieben böse Geister ausgetrieben hatte, Johanna, die Frau von Chuzas, einem Beamten in der Verwaltung des Fürsten Herodes, sowie Susanna. Dazu kamen noch viele andere Frauen.« (Lukasevangelium 8,1ff)

Nichts ist es also mit einem exklusiven Männerclub! Die mitwandernden Frauen, die in der Kapitelüberschrift der Lutherübersetzung sogar ausdrücklich als »Jüngerinnen Jesu« bezeichnet werden, waren zudem alles andere als eine besonders frühe Form christlicher Groupies. Das Evangelium erwähnt ausdrücklich ihre Leistungen für den Unterhalt der Reisegesellschaft: »Sie alle sorgten aus ihren eigenen Mitteln für Jesus und den Kreis der Zwölf.«

Eigentlich war es also wie so oft: Die Männer machten sich

Gedanken, und die Frauen machten sich an die Arbeit. Zusätzlich …

Jonas *war ein Walfisch.*

In diesem Satz summieren sich die Irrtümer förmlich, gleichgültig, ob nun biblisch oder nicht.
Zum ersten ist ein Wal nach grundlegenden biologischen Erkenntnissen natürlich kein Fisch, sondern ein Säugetier. Zum anderen – und jetzt kommen wir zu den biblischen Irrtümern – spricht das Alte Testament in der entsprechenden Geschichte auch gar nicht von einem Wal, sondern ohne die Nennung besonderer Einzelheiten schlicht von einem großen Fisch. Weiter war es auch nicht dieser Fisch, der selbst Jonas – oder wie es in den meisten Übersetzungen heißt: Jona – hieß, sondern das nicht näher spezifizierte Lebewesen verschluckte im zweiten Kapitel des Buches Jona einen Propheten dieses Namens und spie ihn nach drei Tagen in seinem Bauch unverletzt wieder aus. Aber sonst war alles richtig …

Josef und Maria *waren ein junges Paar und beide etwa gleich alt.*

Es wäre aber auch zu schön gewesen und hätte als anrührende Liebesgeschichte jede Telenovela in jedem beliebigen Fernsehsender geschmückt: Ein aufstrebender Zimmermann und eine junge Frau offensichtlich ohne Berufsausbildung finden in grenzenloser Zuneigung zueinander. Kurz darauf wird die Frau jedoch ungewollt und mit nie ganz geklärtem Hintergrund schwanger, aber das

Paar bleibt nach einer kurzen Krise dennoch zusammen. Schließlich kommt ein Sohn zur Welt, den der junge Ehemann der Öffentlichkeit gegenüber kurzerhand für den seinen ausgibt. Trotz der Widrigkeiten am Anfang der Beziehung wachsen Vater, Mutter und Kind zu einer glücklichen Kleinfamilie zusammen. Happy End. Abblende.

In der Realität stellen sich die Dinge allerdings ein wenig komplizierter dar. Dabei wollen wir an dieser Stelle noch nicht einmal von Theologie reden, sondern ganz schlicht von den Familienverhältnissen im Hause Maria und Josef. Von einem jungen Liebespaar, das sich irgendwann einmal durch einen glücklichen Zufall gefunden hatte, womöglich von Liebe auf den ersten Blick, kann nämlich kaum ausgegangen werden.

Den Bräuchen der damaligen Zeit und der Region entsprechend dürften Maria und Josef in ihrer Partnerwahl nämlich nicht frei gewesen sein. Marias Eltern, die nach alten Legenden und in so genannten ›Apokryphen‹, d. h. nicht offiziell zur Bibel gehörenden Evangelien, als Anna und Joachim vorgestellt werden, haben vermutlich ihrer Maria keineswegs die Wahl ihres Lebenspartners überlassen und sie haben auch nicht darauf gewartet, bis ihre Tochter von einem jungen Mädchen zu einer jungen Frau herangewachsen war, um sie zu verheiraten. Wahrscheinlicher ist, dass Maria ihre Pubertät gerade eben abgeschlossen hatte, als sie ihrem späteren Mann Josef versprochen wurde.

Während es sich bei ihr also höchstwahrscheinlich um einen Teenager auf dem Weg zum Traualtar handelte, könnte ihr Bräutigam in seinem Alter schon erheblich weiter fortgeschritten gewesen sein. Wiederum nach alten Überlie-

ferungen handelte es sich bei ihm um einen keineswegs mehr ganz jungen Wittwer.
Glücklich dürfte die Beziehung trotz der arrangierten Heirat, trotz des Altersunterschiedes und der undurchsichtigen Vaterschaft dennoch geworden sein. Der Herr im Himmel wird ja wohl dafür gesorgt haben, dass sein einziger Sohn auf Erden nicht gerade in einem zerrütteten Elternhaus aufwuchs …

Judas *war einwandfrei ein gewissenloser Verräter.*

Der Apostel Judas, dessen rätselhafter Beiname ›Iskariot‹ oder ›Ischariot‹ immer noch auf eine endgültige Erklärung wartet, ist wirklich nicht gerade das, was man sich unter einem positiven Helden vorstellt. Ihm wird vorgeworfen, Jesus gegen eine Belohnung von 30 Silbermünzen mit einem vorgetäuschten Freundschaftskuss an die römischen Soldaten verraten und damit letztendlich dem Tod am Kreuz ausgeliefert zu haben.
Er selbst soll nach dem Evangelium des Matthäus diese Tat später bereut und sich selbst gerichtet haben. »Judas warf das Geld in den Tempel, lief fort und erhängte sich« heißt es dazu lapidar im Matthäusevangelium (27,5). In der Apostelgeschichte schildert Petrus das Ende des Judas drastischer, wenn bei ihm auch der Akt zu später Reue fehlt: »Mit dem Geld, das er als Belohnung für seine böse Tat erhalten hatte, kaufte er sich ein Landgut. Dort stürzte er so schlimm, dass sein Leib aufplatzte und die Eingeweide hervorquollen.« (Apostelgeschichte 1,18)
Was Judas ausgerechnet dem Mann gegenüber, dem er vorher lange mit großer Überzeugung und vielleicht sogar mit

Hingabe gefolgt war, angetan hatte, hat ohne Zweifel ausgereicht, um ihn über mittlerweile mehr als zweitausend Jahre als absoluten Schurken und gewissenlosen Heuchler zu brandmarken. Und dennoch tauchen immer wieder Zweifel auf, ob er wirklich der gewissenlose Verräter war, als den ihn die Bibel erscheinen lässt.

Von manchen Forschern wird der Beiname ›Iskariot‹ beispielsweise so gedeutet, dass Judas zu den Zeloten gehörte, einer Gruppe jüdischer Aufständischer, die unter Führung des Messias die römische Herrschaft stürzen und die Römer aus dem Land treiben wollten. Nach dieser Deutung wäre das Handeln des Judas kein egoistischer Verrat für eine Handvoll Silber gewesen, sondern eine überlegte politische Aktion, um endlich den ersehnten Volksaufstand losbrechen zu lassen.

Ebenfalls zu Judas' Gunsten spricht eine andere Argumentation, die weniger auf politische und mehr auf theologische Überlegungen zurückgreift. Ist nicht Judas, so wird hier seit dem frühen Christentum immer wieder gefragt, durch seinen scheinbaren Verrat dem Willen Gottes besonders gerecht geworden und hat er nicht quasi wie ein Werkzeug dazu gedient, den himmlischen Heilsplan zur Erlösung der Menschen in die Tat umzusetzen? So wäre Judas etwa nach dem erst jüngst bekannt gewordenen und nicht zu den anerkannten Texten der Bibel gehörenden ›Judasevangelium‹ plötzlich von einem der größten Feinde Jesu zu einem seiner treuesten Anhänger geworden. Und das selbst um den Preis des eigenen Verderbens …

Eine Durchsetzung eines solchen Abgrenzungsbeschlusses wäre Jesus nun wirklich schwergefallen. Der Heiland der Christen war selbst schließlich nicht etwa Christ sondern Jesus – oder auf Aramäisch, der wahrscheinlichen Sprache Jesu: Jehoschuah oder Jeschua – war ein Jude aus Galiläa, der auf seine Herkunft und seine Religion durchaus stolz war.

Jesus verachtete die jüdischen Traditionen keineswegs. Im Gegenteil: Er war in den religiösen Lehren seines Volkes anscheinend überaus bewandert und mehrfach weist die Bibel darauf hin, dass er die Texte der Tora kundig und originell auszulegen wusste. Nach dem Evangelisten Markus war er bei diesen Auftritten überaus erfolgreich: »Am Sabbat lehrte er in der Synagoge. Und die vielen Menschen, die ihm zuhörten, staunten und sagten: Woher hat er das alles? Was ist das für eine Weisheit, die ihm gegeben ist! Und was sind das für Wunder, die durch ihn geschehen!« (Markusevangelium 6,2) Vor diesem Hintergrund ist es dann auch nicht mehr erstaunlich, dass ihn seine Jünger entsprechend anreden. Für sie ist er der ›Rabbi‹, also der Meister oder Lehrer.

In der so ausgedrückten Wertschätzung steht Jesus damit auf einer Stufe mit den Pharisäern, die zu seiner Zeit wegen ihrer an Fundamentalismus grenzenden Befolgung der Gesetze gerühmt wurden. Heute gelten sie freilich nicht zuletzt aufgrund der Darstellungen im Neuen Testament eher als Beispiel für jemanden, der Wasser predigt und selbst Wein trinkt. Jesus geriet mit ihnen unter anderem in Konflikt, weil er in seinen Predigten den strengen Ge- und

Verbotskatalog des Judentums zugunsten eines allgemeinen Gebotes der Liebe lockerte. In seinen Lehren ließ er die Vielzahl der religiösen Vorschriften auf einige wesentliche Hauptsätze zusammenschnurren: »Das wichtigste Gebot ist dieses: Höre, Israel! Der Herr ist unser Gott, und er ist der einzige. Darum liebt ihn aus ganzem Herzen und mit ganzer Seele, mit dem ganzen Verstand und mit aller Kraft. Als zweites kommt hinzu: Liebe deinen Mitmenschen wie dich selbst! Es gibt kein Gebot, das wichtiger ist als diese beiden.« (Markusevangelium 12,29ff)
Trotz dieser Differenzen sprach Jesus den Pharisäern ihren besonderen Glauben und ihre Verdienste aber nicht ab. In diesen Zusammenhang gehört beispielsweise sein berühmtes Zitat, mit dem er ihnen antwortet, als sie sich einmal mehr über seinen nach ihrer Meinung allzu freien Umgang mit denjenigen erregen, die ihren strengen Maßstäben für ein gottgefälliges Leben nicht genügen: »Nicht die Gesunden brauchen den Arzt, sondern die Kranken. Ich bin gekommen, um die Sünder zu rufen, nicht die Gerechten.« (Markusevangelium 2,17)
Der Jude Jesus ein Gegner der Juden und ein früher Antisemit? Für eine solche Argumentation finden sich in der Bibel nicht die geringsten Anzeichen.

Die **Jünger Jesu** *waren alle unverheiratet.*

Bei oberflächlicher Lektüre der Texte des Neuen Testamentes erscheint es in der Tat so, als hätte es sich bei Jesus und seinen Jüngern um eine herumwandernde Junggesellentruppe gehandelt, deren Mitglieder sämtlich von engeren familiären Bindungen frei waren.

Bei genauerer Lektüre stellt sich allerdings heraus, dass zum Gefolge des Herrn außer den nach den Angaben des Lukasevangeliums (10,1) 72 Jüngern auch Frauen gehörten und dass die Jünger keinesfalls alle unverheiratet waren. In den Evangelien des Matthäus, Markus und Lukas wird beispielsweise die Schwiegermutter des Apostels Petrus erwähnt, die unter einem Fieberanfall leidet und von Jesus geheilt wird.
Obwohl Jesus gegen eheliche Verbindungen seiner Anhänger also ganz offensichtlich nichts einzuwenden hatte, bleibt die Frage offen, wie denn die Frauen der Jünger auf die ehrenvolle, aber vermutlich finanziell eher fatale Berufung ihrer Ehegatten reagierten. Die Bibel schweigt leider darüber, wie sie das Loch in der Familienkasse füllten, das mit der Verwandlung vom Fischer zum Menschenfischer einhergegangen sein dürfte …

Dass die Mutter Jesu eine **Jungfrau** *war, ist absolut einzigartig.*

Unabhängig davon, ob die jungfräuliche Mutterschaft Marias wirklich einzigartig war, gilt es zunächst einmal etwas Überraschendes festzustellen: Die Geburt Jesu von einer Jungfrau wird überhaupt nur von Matthäus und Lukas ausdrücklich erwähnt. Offensichtlich soll damit die Position Jesu besonders herausgehoben werden, um damit von Anfang an zu betonen, dass es sich bei ihm um den kommenden Messias seines Volkes handelt.
Markus beginnt sein Evangelium dagegen gleich mit der Taufe Jesu durch Johannes. Das Johannesevangelium, das erst um das Jahr 100 geschrieben wurde, erwähnt eine Jungfrauengeburt ebenfalls nicht, und auch der Apostel

Paulus ist hier nicht auskunftsfreudiger: In seinem Brief an die Galater umreißt er die Geburt Jesu nur äußerst wortkarg: »Als aber die Zeit gekommen war, sandte Gott seinen Sohn, geboren von einer Frau und dem Gesetz unterstellt.« (Galaterbrief 4,4) Maria, immerhin die Mutter Gottes, wird von ihm nicht einmal namentlich erwähnt.

Doch kommen wir nun zur Frage der Einzigartigkeit der Jungfrauengeburt. Nüchtern ist hier festzustellen, dass eine solche Geburt in vielen Religionen bereits lange vor der Niederschrift des Neuen Testaments ein weitverbreiteter Mythos war. So kennt etwa bereits die Religion des alten Ägyptens die Verbindung zwischen einem göttlichen Vater und einer menschlichen Mutter. Diese Beziehung macht den jeweiligen König zum Gottessohn bzw. die Königin zur Gottestochter und begründet damit deren göttlich-menschliche Doppelnatur.

Eine irdische Gottesmutter findet sich auch im Buddhismus. Hier ist es die aus einer nordostindischen Herrscherdynastie stammende Königin Maya, die den Prinzen Siddharta Gautama, der später zum Religionsstifter Gautama Buddha werden sollte, vermutlich im Jahr 566 vor Christus zur Welt brachte.

Sie kam zu dieser Ehre, weil sie als eine besonders tugendhafte Frau galt, die in späteren Texten als Jungfrau bezeichnet wird.

Buddha selbst, der nach der Überlieferung »nicht mit dem Schmutz des Mutterleibes behaftet war«, zeigte sich schon unmittelbar nach dem Geburtsakt ausgesprochen frühreif: Nach der Legende schritt er unter dem Schutz eines weißen Sonnenschirmes weit aus, musterte seine Umgebung und sprach mit lauter Stimme: »Ich bin der Höchste, Beste und

Älteste dieser Welt. Dies ist meine letzte Geburt, nach ihr werde ich kein neues Dasein mehr beginnen.«

Die christliche Maria steht also nicht nur in einer langen Tradition jungfräulicher Gottesmütter, selbst aus der berühmten Weißsagung des Propheten Jesaja kann eine Jungfrauengeburt nur bei äußerst freier Übersetzung herausgelesen werden. Ist dort doch nur von einer jungen Frau, hebräisch: ›alma‹ die Rede, die erst in der griechischen Übersetzung dann zur ›parthenos‹ mit der Doppelbedeutung ›Jungfrau/junge Frau‹ wurde. Die an der modernen Alltagssprache orientierte Gute-Nachricht-Bibel trägt dem inzwischen Rechnung, denn in ihr heißt es an der entsprechenden Stelle:

»Die junge Frau wird schwanger werden und einen Sohn zur Welt bringen, den wird sie Immanuel (Gott steht uns bei) nennen.« (Jesaja 7,14)

In den Himmel kommt man erst nach dem **Jüngsten Gericht**.

Ob diese Aussage richtig oder falsch ist, lässt sich aus verständlichen Gründen momentan nicht mit Sicherheit beantworten. Die Idee einer unentrinnbaren letzten Instanz nach dem Tode scheint zwar für alle großen Religionen zum festen theologischen Bestand zu gehören, nicht immer tritt sie allerdings erst in den letzten Tagen dieser Welt zusammen. Als Variante existiert auch eine Urteilsfindung direkt nach dem persönlichen Ableben. Im Neuen Testament finden sich leider beide Möglichkeiten, was aufmerksame Leser der Bibel eher verwirren als in ihrem Glauben festigen dürfte. Unglücklicherweise sind sich nämlich

selbst die Evangelisten nicht darin einig, wer denn nun wann und wie in den Himmel kommt.
Bei Matthäus ist die Sache noch einfach. Er gibt an, dass am Tage des Jüngsten Gerichts »alle Völker« vor Gott versammelt werden, der sie dann aufteilen wird »wie der Hirt die Schafe von den Böcken scheidet.« Bei der Frage, wer auf welche Seite geschickt wird, kommt es dabei – modern ausgedrückt – auf bewiesene Mitmenschlichkeit und soziales Engagement an. In beidem soll sich die Liebe zu Gott erweisen und widerspiegeln. Plastische Beispiele zeigen, was gemeint ist: »Ich war hungrig, und ihr habt mir zu essen gegeben. Ich war durstig, und ihr habt mir zu trinken gereicht. Ich war fremd, und ihr habt mich aufgenommen, nackt, und ihr habt mich bekleidet. Ich war krank, und ihr habt mich besucht, ich war im Gefängnis, und ihr seid zu mir gekommen.« (vgl. Matthäusevangelium 25,31–46)
Nach Matthäus, der übrigens kein Wort darüber verliert, was denn mit den Verstorbenen zwischen ihrem Tod und ihrer Wiederauferweckung passiert, müssen sich alle Menschen vor dem Jüngsten Gericht verantworten, bevor sie endgültig in den Himmel oder in die Hölle geschickt werden.

Bei seinem Kollegen, dem Evangelisten Johannes, sieht die Lage nicht ganz so eindeutig aus: Er lässt Jesus für die Gerechten eine Art sofortigen Bewährungsaufstieg ins Himmelreich verkünden. Er verschiebt nicht nur die Anforderungen für das ewige Heil von der tätigen Nächstenliebe in Richtung Glauben, sondern er macht auch für manche ein Erscheinen vor dem Jüngsten Gericht überflüssig: »Wer mein Wort hört und dem glaubt, der mich gesandt hat, der

hat ewiges Leben und kommt nicht vor das Gericht, sondern ist aus dem Tode ins Leben hinübergegangen.« (Johannesevangelium 5,24)
Vor das Jüngste Gericht kommen nach diesem Modell selbstverständlich nach wie vor die großen Sünder und Übeltäter. Weiterhin müssen sich vor ihm aber auch diejenigen verantworten, die weder den besonders Bösen noch den besonders Guten eindeutig zuzuordnen sind. Vermutlich also alle Menschen wie du und ich …

K

Mit dem **Kainsmal** *wollte Gott den Brudermörder Kain bestrafen.*

Nach dieser Auffassung war das im 1. Buch Mose erwähnte Kainsmal gewissermaßen das erste ›unveränderliche Personenkennzeichen‹ der Weltgeschichte. Es sollte den ebenfalls ersten Mörder der Weltgeschichte brandmarken und ihn einem verdienten Schicksal ausliefern.

Klingt einleuchtend. Ist aber falsch. Bei genauerer Lektüre der entsprechenden Absätze im Alten Testament deutet vielmehr alles auf das genaue Gegenteil eines Zeichens hin, mit dem der Brudermörder Kain bestraft werden sollte.

Vorausgegangen war bekanntlich, dass Kain seinen jüngeren Bruder Abel auf einem Acker erschlagen hatte, weil er eifersüchtig darauf war, dass Gott die Opfergaben Abels mit größerem Wohlgefallen betrachtete als seine eigenen. Gott bestrafte ihn für seine Untat schwer: »Du hast den Acker mit dem Blut deines Bruders getränkt, deshalb stehst du unter einem Fluch und musst das fruchtbare Ackerland verlassen. Wenn du künftig den Acker bearbeitest, wird er dir den Ertrag verweigern. Als heimatloser Flüchtling musst du auf der Erde umherirren.«

Kain wurden die Konsequenzen seines Verbrechens anscheinend erst mit diesen Worten bewusst. Er bettelte »Die Strafe ist zu schwer, das überlebe ich nicht!« und befürch-

tete wahrscheinlich zu recht: »Ich bin vogelfrei, jeder kann mich töten!«
An genau dieser entscheidenden Stelle der Geschichte zeichnet ihn nun Gott mit dem berühmten, aber nicht näher beschriebenen ›Kainsmal‹ und seine Absichten dabei sind eindeutig. Gott sichert ihm zu: »Wenn dich einer tötet, soll das siebenfach an ihm gerächt werden.« Und weiter heißt es: »Er machte an Kain ein Zeichen, damit jeder wusste: Kain steht unter dem Schutz des Herrn.« (Vgl. 1. Buch Mose 4,1–16)
Das Kainsmal ist also kein Zeichen zur Bestrafung, sondern eines zum Schutz. Es soll selbst einen schlimmen Verbrecher gegen willkürliche Vergeltung und Lynchjustiz sichern. In dieser Tradition stand auch die Evangelische Kirche Deutschlands, als sie vor einiger Zeit das Kainszeichen zum Zeichen gegen die Todesstrafe ausrief. Es könne nicht das Ziel sein, so verbreitete sie in einer Erklärung, »Täter aus der Gemeinschaft zu entfernen«, sondern es müsse »gemeinsam nach Wegen gesucht werden, sie in die Gemeinschaft zurück zu führen«.

Der **Kanon** *der Bibel hat etwas mit Singen zu tun.*

Es gibt zwar eine ganze Reihe von Liedern in der Bibel – allein das Buch der Psalmen des Alten Testaments besteht schließlich aus 150 einzelnen Hymnen, Dank- und Klageliedern – ob sie sich allerdings besonders dazu eignen, mehrstimmig und mit zeitlich versetztem Einsatz der einzelnen Stimmen gesungen zu werden, kann mit Fug und Recht bezweifelt werden. Frère Jacques hat mit König David nun einmal wenig zu tun.

Unter dem Kanon der Bibel versteht man vielmehr das Verzeichnis der vom Judentum und von den Kirchen anerkannten Texte der Bibel. Da darüber, was in ihm enthalten sein sollte, allerdings keine Einigkeit zwischen den Religionen und Konfessionen hergestellt werden konnte, gibt es genau genommen verschiedene Kanons, die in Inhalt oder Aufteilung voneinander abweichen. Als grobe Orientierung kann jedoch gesagt werden, dass sich für die Juden die Bibel auf die Schriften des Alten Testaments beschränkt, während für Christen sowohl das Alte wie das Neue Testament dazugehören und nicht ohne das jeweils andere verstanden werden können.

Die **Königin von Saba** *war eine Art Groupie.*

Zugegeben, gewisse Ähnlichkeiten zwischen der im Alten Testament erwähnten Königin von Saba und jenen modernen weiblichen Fans, die ihren Stars weit mehr als nur ihre Bewunderung anbieten, bestehen durchaus. Sie war beispielsweise von dem berühmten König Salomo, der im Israel des zehnten Jahrhunderts vor Christus regierte und bis heute als weiser Herrscher, gerechter Richter und ebenso gütiger wie gottesfürchtiger Mensch gilt, derart hingerissen, dass sie ihn unbedingt persönlich kennen lernen wollte und zu ihm nach Jerusalem reiste. Die in muslimischen Quellen Belqis genannte Königin jenes Saba, das heutige Forscher im Südjemen lokalisiert haben wollen, deswegen aber gleich als biblisches Groupie abzuwerten, würde dieser selbst mit vielen Gaben ausgestatteten Frau ohne Zweifel Unrecht tun. Um seine Weisheit auf die Probe zu stellen, hatte sie sich für ihn Rätsel ausgedacht, die Salomo sämtlich mit Bravour zu lösen verstand. Schon dieser Beweis seiner Intelligenz und Weisheit entzückte die Königin aus dem Morgenland über alle Maßen, darüber hinaus imponierte ihr Salomo aber auch auf eine Art, wie es die Verführer aller Zeiten offensichtlich gern getan haben und immer noch gern tun: Er führte sie durch seinen Palast und fuhr auf, was Küche und Keller zu bieten hatten. Das Ergebnis ließ denn auch nicht lange auf sich warten: Wie die Bibel im 1. Buch der Könige notiert, stockte ihr angesichts dieses Angebots förmlich der Atem (vgl. 10,5), und ihr Herrscherkollege fühlte sich nun gänzlich dazu animiert, es nicht bloß bei der Vermittlung von geistigen Eindrücken zu belassen: Nach der Legende ist der erste äthiopische Kaiser Menelik das ganz konkrete Ergebnis dieses amourösen Gipfeltreffens.

Anders als im modernen Showbusiness zahlte sich die Begegnung mit Belqis für Salomo auch materiell aus: Als die offensichtlich von ihm in jeder Beziehung faszinierte Königin wieder in ihr fernes Reich aufbrach, ließ sie ihm als kleines Andenken Gold, Edelsteine und Spezereien in vorher nie gekannter Menge zurück. Von welchem Groupie hätte man bisher ähnliches gehört …

Das Wohl des **Körpers** *ist der Bibel ziemlich egal.*

Dieses Vorurteil hält sich zwar besonders hartnäckig, aber ein Vorurteil bleibt es trotzdem. Es basiert zudem weniger auf dem, was wirklich in der Bibel steht, als vielmehr auf dem, was diverse Theologen in der inzwischen mehr als zweitausendjährigen Geschichte des Christentums alles von sich gaben. Nicht alle hatten schließlich so menschen-

freundliche Vorstellungen wie die mittelalterliche Mystikerin Theresa von Avila: »Tu deinem Körper etwas Gutes, damit die Seele Lust bekommt, darin zu wohnen!«
Den Verfassern des Alten Testaments war lustvolle Körperlichkeit alles andere als fremd. Für die Menschen, die zu der Zeit lebten, in der das berühmte ›Hohe Lied‹ verfasst wurde, war eine Gleichgültigkeit oder sogar Feindseligkeit gegenüber den Anforderungen und Bedürfnissen des eigenen Körpers undenkbar. Sie sahen die Körperpflege und die Unterstreichung der Schönheit nicht nur als ein nötiges Mittel zur Förderung des Wohlgefühls an, für sie gehörten Leib und Seele auch so eng zusammen, dass sie für beides allein gar keinen eigenen Ausdruck kannten. Sie wussten Körper und Geist zwar sehr wohl zu unterscheiden, sie fassten beides im Sinne eines ›ganzheitlichen‹ Menschenbildes aber nur als unterschiedliche Ausprägungen einer größeren, beides umfassenden Einheit auf. Da nach dieser Auffassung der Körper nicht vom Gotteslob ausgeschlossen werden konnte und eine Begegnung mit Gott dem Geist allein gar nicht möglich war, galt es deshalb auch mit beidem sorgsam umzugehen. Eine Vernachlässigung des Körpers hätte immer zugleich auch eine Missachtung des göttlichen Schöpfers bedeutet.
Das salomonische ›Hohe Lied‹ ist zudem ein Beleg für die Vermutung, dass zwischenmenschliche Beziehungen für die Menschen dieser Zeit nicht nur ein notwendiges Übel zur Erhaltung der Art waren. Die Frau, die im Hohen Lied ihren Partner beschreibt, tut das beispielsweise mit einer erotischen Begeisterung und einer so offenen Leidenschaft, dass ganzen Generationen von Religionslehrerinnen und -lehrern die Röte ins Gesicht gestiegen sein dürfte: »Seine

Arme sind wie Stäbe aus Gold, rundum mit Türkisen besetzt. Sein Leib ist wie eine Platte aus Elfenbein, mit Saphiren geschmückt. Seine Beine sind Marmorsäulen, die sicher auf goldenen Füßen stehen. Dem Libanon gleicht er an Stattlichkeit, den ragenden Zedern an Pracht und Kraft. Sein Mund ist voll Süße, wenn er mich küsst – ja, alles an ihm ist begehrenswert! Seht, so ist mein Liebster und so mein Freund. Nun wisst ihr's, ihr Mädchen Jerusalems!« (Das Hohe Lied 5,14–16)

Ein Paulus hätte derartige Zeilen nie zu Papier gebracht, und bei ihm wäre auch kaum eine derart lebensfrohe Aufforderung denkbar, mit der das um das Jahr 200 vor Christus verfasste Buch Kohelet (oder Prediger) gleich verschiedene Genüsse überaus sinnlich bündelt: »Iss dein Brot und trink deinen Wein und sei fröhlich dabei! So hat es sich Gott für die Menschen gedacht und so gefällt es ihm. Nimm das Leben als Fest: Trag immer frisch gewaschene Kleider und sprenge duftendes Öl auf dein Haar! Genieße jeden Tag mit der Frau, die du liebst, solange das Leben dauert, das Gott dir unter der Sonne geschenkt hat, dieses vergängliche Leben. Denn das ist der Lohn für die Mühsal und Plage, die du hast unter der Sonne.« (Buch Prediger 9,7–9)

Im Neuen Testament wird eine solche Wertschätzung für den Körper und seine Bedürfnisse weit seltener ausgedrückt, manchmal finden sich sogar regelrecht gegensätzliche Auffassungen. Dass sie nicht unbedingt der Meinung des Messias entsprochen haben müssen, lässt sich allerdings leicht herauslesen. Der Evangelist Matthäus schildert beispielsweise eine Szene, in der bei einem Gastmahl plötzlich eine Frau ins Zimmer tritt und beginnt, Jesus teures Salböl auf den Kopf zu träufeln. Für die Jünger ist das Verschwendung,

sie sind empört: »Dieses Öl hätte man teuer verkaufen und das Geld den Armen geben können!« Jesus nimmt seine Wohltäterin gegen diese Vorwürfe in Schutz: »Warum bringt ihr diese Frau in Verlegenheit? Sie hat eine gute Tat an mir getan. Arme wird es immer bei euch geben; aber mich habt ihr nicht mehr lange bei euch. Sie hat dieses Salböl auf meinen Körper gegossen und hat ihn damit für das Begräbnis vorbereitet.« (vgl. Matthäusevangelium 26,6ff)
Jesus ist es also durchaus nicht egal, was mit dem Körper geschieht, auch er sieht Leib und Seele in enger Verbindung. Was anderes hätte man auch erwarten sollen von einem Heiland, der auf der Hochzeit zu Kana schon gleich zu Beginn seines öffentlichen Wirkens die leiblichen Bedürfnisse der Menschen nicht verachtete …

M

Maria Magdalena *war eine Hure.*

Ach woher denn! Diese Aussage dürfte im strafrechtlichen Sinn den Tatbestand der üblen Nachrede erfüllen. Maria Magdalena ist schlicht das Opfer von Halb- und Falschinformationen seit den frühesten Tagen der Christenheit, in der es auch immer wieder Menschen gegeben zu haben scheint, für die mehr der Skandalwert einer Geschichte zählte als ihre Richtigkeit. Heute hätte die Begleiterin Jesu sich vielleicht mit der dicken Schlagzeile in einem Boulevardblatt wiedergefunden: »Von der Straße in die Kirche: Bekannte Prostituierte wandte sich dem Glauben zu!«

Doch bleiben wir bei den Fakten. Begonnen hatte alles damit, dass der Evangelist Lukas von einem Ereignis berichtet, das durchaus geeignet gewesen sein dürfte, den Messias in ein etwas zweifelhaftes Licht zu setzen: »Ein Pharisäer hatte Jesus zum Essen eingeladen. Jesus ging in sein Haus und legte sich zu Tisch. In derselben Stadt lebte auch eine Frau, die als Prostituierte bekannt war. Als sie hörte, dass Jesus bei dem Pharisäer war, kam sie mit einem Fläschchen voll kostbarem Salböl. Weinend trat sie an das Fußende des Polsters, auf dem Jesus lag, und ihre Tränen fielen auf seine Füße. Sie trocknete sie mit ihren Haaren ab, bedeckte sie mit Küssen und salbte sie mit dem Öl.«

In der moralisch anscheinend mehr als nur korrekten Umgebung Jesu kam dieser Liebesbeweis gar nicht gut an. Sein

Gastgeber murrte: »Wenn dieser Mann wirklich ein Prophet wäre, wüsste er, was für eine das ist, von der er sich da anfassen lässt! Er müsste wissen, dass sie eine Hure ist.« Und es bedurfte in dieser angespannten Situation schon einiger entschiedener Worte des Herrn, um einmal mehr eine Lanze für die Sünder zu brechen und seine eigene Autorität wiederherzustellen. (vgl. Lukasevangelium 7,36ff)

Nirgendwo in der Bibel findet sich ein Hinweis darauf, dass es sich bei der namenlosen Frau, die sich Jesus zu Füßen warf, um Maria Magdalena gehandelt haben könnte. Unglücklicherweise hatte sie jedoch ausgerechnet im Folgekapitel des Lukasevangeliums ihren wirklichen Auftritt, und angesichts dieser zufälligen Abfolge kamen einige Menschen anscheinend auf ziemlich dumme Gedanken. Maria Magdalena wird mit ihrem Namen als eine der Frauen genannt, die Jesus auf seinen Wanderungen begleiteten und bei ihr persönlich wird noch hinzugefügt, dass Jesus ihr zuvor sieben böse Geister ausgetrieben hatte. Für argwöhnische Bibelleser war damit alles klar: Bei diesen Geistern kann es sich nur um die Dämonen des Sexus gehandelt haben, die Sünderin mit dem Salböl und Maria Magdalena waren ein und dieselbe Person!

Auch wenn es über Jahrhunderte so weitergegeben wurde und selbst Päpste diese Falschmeldung verbreiteten, gibt es indes keinen Beleg dafür, dass es sich bei Maria aus Magdala um eine Prostituierte gehandelt haben könnte. Allem Anschein nach liegt hier eine ebenso leichtfertige wie folgenreiche Gleichsetzung verschiedener Personen vor, die sich nicht zuletzt daraus erklären lässt, dass zur Zeit Jesu der Name ›Maria‹ offensichtlich so beliebt war, dass Frauen mit diesem Namen im Neuen Testament gleich mehrfach auf-

tauchen und dass es selbst unter Theologen leider manchmal an Sorgfalt und Gewissenhaftigkeit fehlt. Die katholische Kirche gestand jedenfalls erst im Jahr 1969 ihren Irrtum ein: Erst zu diesem Zeitpunkt befreite sie Maria Magdalena offiziell von dem Verdacht, gegen Geld geliebt zu haben.
Nach allem, was wir wissen, hätte sie ein besseres Image verdient, denn sie muss eine selbstbewusste Frau gewesen sein, die von Jesus geschätzt wurde und die den Männern in seiner Umgebung in keiner Weise nachstand. Dafür spricht nicht nur, dass sie ihren Namen aus ihrem Herkunftsort und nicht – wie sonst üblich – von ihrem Ehemann oder ihrem Vater ableitete. Auch ihre Rolle bei der Verhaftung und Verurteilung Jesu, bei seiner Kreuzigung und schließlich vor allem bei seiner Auferstehung am Ostermorgen deuten auf eine herausgehobene Stellung hin. Ob das alles aber wiederum dafür ausreicht, ihre Position in die einer Geliebten des Herrn umzudeuten, sei hier einmal dahingestellt. Belege für dieses Gerücht gibt es jedenfalls nicht …

Gott hat etwas gegen **Mischehen**.

Ein Irrtum liegt in jedem Fall auf der Hand: Mischehen zwischen Katholiken und Protestanten, wie sie in vielen Ländern lange – und mitunter noch bis heute – abgelehnt wurden und wie sie die besonders Überzeugten beider Seiten immer noch mit Misstrauen betrachten, sind mit diesem Satz nicht gemeint. Allein schon aus zeitlichen Gründen – die maßgebenden Reformatoren Luther, Calvin und Zwingli wirkten schließlich erst im 16. Jahrhundert – kann sich Gott in der Bibel noch gar nicht konkret zu konfessionsübergreifenden Verbindungen geäußert haben.

Der Eindruck, Mischehen stießen nicht gerade auf himmlisches Wohlwollen, beruht vielmehr auf einigen Stellen im Alten Testament, in denen die Verbindung zwischen Juden und Nichtjuden kritisiert wird. Ganz vorn steht dabei der Prophet Esra, unter Durchschnittschristen mit Sicherheit nicht so bekannt wie etwa seine berühmteren Kollegen Jesaja oder Jeremia, aber deswegen doch keineswegs ohne Einfluss. Wegen seiner Bedeutung für die jüdische Gesetzgebung und die Bewahrung der jüdischen Identität gilt er manchen sogar als eine Art zweiter Mose.

Über den historischen Esra ist wenig bekannt. Er gehörte vermutlich im fünften Jahrhundert vor Christus zu den Rückkehrern aus dem babylonischen Exil und dürfte in dieser Zeit im Auftrag des persischen Königs als eine Art ›Amtlicher Beauftragter für Fragen der Juden und des Judentums‹ gewirkt haben.

Als er in Jerusalem angekommen war, musste er feststellen, dass seine Glaubensgenossen trotz ihrer militärischen Niederlagen und trotz der Zerschlagung eines eigenen Staates offensichtlich nach dem Grundsatz gehandelt hatten: »Das Leben muss weitergehen!« In dem nach ihm benannten Buch des Alten Testaments klagt er jedenfalls über seine Landsleute: »Sie haben sich nicht fern gehalten von den übrigen Bewohnern des Landes, die Götzen verehren, von den Kanaanitern, Hetitern, Perisitern, Jebusitern, Ammonitern, Moabitern, Ägyptern und Amoritern. Jüdische Männer haben Frauen aus diesen Völkern geheiratet, so dass sich das Volk Gottes mit fremden Völkern vermischt hat. Führende Männer und Ratsherren sind bei diesem

Treuebruch sogar mit schlechtem Beispiel vorangegangen.« (Buch Esra 9,1f)
Esra bekämpft diese Mischehen mit aller Macht und allem Einfluss, der ihm zur Verfügung steht. Offensichtlich ist er dabei auch erfolgreich, denn schon ein Kapitel später scheint es in Jerusalem gewissermaßen eine Massenscheidung zu geben, die von einem der Betroffenen zerknirscht sogar selbst gutgeheißen wird: »Wir haben unserem Gott die Treue gebrochen; denn wir haben Frauen aus der Bevölkerung des Landes geheiratet. Aber trotzdem gibt es noch eine Hoffnung für Israel: Wir müssen jetzt mit unserem Gott einen Bund schließen und uns verpflichten, alle fremden Frauen mit ihren Kindern wegzuschicken. So hast du es uns geraten, und alle, die das Gebot unseres Gottes ernst nehmen, haben es befürwortet. Dem Gesetz Gottes muss Geltung verschafft werden.« (Buch Esra 10,2f)
Was folgt, ist eine der menschlich berührendsten Szenen des Alten Testaments, denn eine zwar unblutige, aus heutiger Sicht aber dennoch äußerst befremdende und unverständliche ethnische Säuberung beginnt: Viele Familien werden auseinandergerissen, wobei die Bibel sich darüber ausschweigt, was mit den Verstoßenen geschieht. Leicht wird ihr Schicksal nicht gewesen sein.
Erklären lässt sich diese Härte gegenüber Unschuldigen vor allem aus der Sorge um den Bestand des jüdischen Volkes; ob sie sich darüber hinaus auch verstehen lässt, bleibe hier einmal dahingestellt. Esra befürchtete offensichtlich, durch die vielen Heiraten mit Ausländerinnen wäre – modern gesprochen – das Erbgut des Gottesvolkes nicht mehr rein zu halten, zum anderen hatte er Angst, durch die unerwünschten Verbindungen mit Andersgläubigen könnte

auch der Götzendienst bei den Juden wieder Anhänger finden.
Auswirkungen hat beides bis in die Gegenwart: Die Frage, ob Eheschließungen zwischen Juden und Nichtjuden möglich sein sollten, ist zwischen den verschiedenen Strömungen des Judentums nach wie vor strittig. Und dabei geht es nicht nur um ein philosophisches oder theologisches Problem. Wie nicht zuletzt die Situation im heutigen Israel zeigt, sind die Juden nach wie vor ein bedrohtes Volk …

Der Berliner Stadtteil **Moabit** *hat nichts mit der Bibel zu tun.*

Lokalpatrioten könnten es sich leicht machen und einfach behaupten, hinter dem Namen ›Moabit‹ für ein Viertel im Berliner Stadtbezirk Mitte verberge sich nicht mehr und nicht weniger als das etwas aufgehübschte ›Moorjebiet‹ aus Alt-Berliner Tagen. Denkbar wäre das zwar, aber nicht unbedingt wahrscheinlich. Mehr spricht für eine Herleitung des Namens aus der Bibel, auch wenn die Verbindung nicht auf den ersten Blick ins Auge fällt.
In Moabit mögen nämlich durchaus Moabiter genannte Menschen wohnen, mit dem biblischen Volk gleichen Namens haben sie aber nichts zu tun. Die Moabiter der Bibel wohnten östlich des Toten Meeres. Sie stammten von Moab ab, einem Sohn des Lot, den dieser im Rausch mit seiner eigenen Tochter gezeugt hatte, und sind somit mit den Israeliten verwandt. Trotzdem hatten sie aber eine andere Religion mit mehreren Göttern und wie es schließlich in den besten Familien vorkommen soll – sie lagen meist mit ihren jüdischen Verwandten im Streit.

Verantwortlich für die Verbindung des berlinischen Moabit zur Bibel dürften vielmehr die Hugenotten sein. Sie gehörten zu den ersten Siedlern in einem Gebiet, das bis dato als Viehweide und fürstliches Jagdgebiet gedient hatte. Als fromme Franzosen sollen die Glaubensflüchtlinge ihren neuen Wohnsitz »terre de Moab« genannt haben. Mit dieser Bezeichnung spielten sie darauf an, dass die Israeliten nach ihrer Flucht aus Ägypten ebenfalls im »Land des Moab« Zuflucht gefunden hatten, bevor sie sich im verheißenen Kanaan endgültig niederließen.
Schön ist diese Deutung in jedem Fall. Und wenn sie nicht die Wahrheit sein sollte, so ist sie doch gut erfunden …

Mord und Totschlag *im engsten Familienkreis gibt es nur im Kino.*

Weit gefehlt. Was die Blutigkeit von Familiengeschichten angeht, müssen sich die Autoren der Bibel vor keinem Drehbuchschreiber in Hollywood oder anderswo verstecken. Mit Kain, der aus Neid und Missgunst seinen Bruder Abel erschlug, geht es im Alten Testament schon mit einem Kapitalverbrechen in der engsten Verwandtschaft los, um dann eine mehr oder minder breite Blutspur vor allem durch das Alte Testament zu ziehen.
Von Liebe keine Rede: Das Mindeste scheint noch zu sein, dass Brüder in der Bibel einander misstrauen, betrügen und verraten. So betrügt Isaaks Sohn Jakob seinen geringfügig älteren Zwillingsbruder Esau um das väterliche Erbe. Der allgemein als besonders klug und weise gepriesene König Salomo sicherte seine Herrschaft sogar kurzerhand dadurch, dass er seinen älteren Bruder Adonija umbrin-

gen ließ, als dieser selbst nach dem Thron trachtete. Auch das Verhältnis der älteren Söhne des oben bereits erwähnten Jakob zu ihrem jüngeren Bruder Josef war alles andere als vorbildlich. Sie hassten ihn, weil er von seinem Vater besonders verwöhnt wurde, und in ihrem Hass beließen sie es nicht bei kleineren Sticheleien. Mit ihren brutalen Ideen erinnern sie stark an Mafiabosse, die sich eines lästigen Konkurrenten entledigen wollen: »Schlagen wir ihn doch einfach tot und werfen seine Leiche in die nächstbeste Zisterne! Später sagen wir dann: Ein Raubtier hat ihn gefressen.« (1. Buch Mose 37,20) Dass Josef mit dem Leben davonkam, verdankt er im Wesentlichen nur dem kaufmännischen Geist seines Bruders Juda, der angesichts einer vorbeiziehenden Karawane den Einfall hat, Josef lieber auf unblutige Weise verschwinden zu lassen: »Was nützt es uns, wenn wir unseren Bruder umbringen? Wir werden nur schwere Blutschuld auf uns laden. Lassen wir ihn lieber leben und verkaufen ihn den Ismalitern. Er ist schließlich doch unser Bruder, unser eigen Fleisch und Blut!« (1. Buch Mose 37,26f)
Wollte man vor diesem Hintergrund die Bibel als eine Art Auflistung aller Schlechtigkeiten der Welt lesen, griffe man allerdings zu kurz. Thema im Alten wie im Neuen Testament sind zwar menschliche Schwächen, Thema ist aber auch das Verzeihen und die Vergebung selbst nach schlimmsten Verbrechen und Verfehlungen. Als besonderes Beispiel für brüderlichen Großmut kann hier wiederum Josef dienen. Nachdem er in Ägypten eine beispiellose Karriere vom Sklaven bis zum höchsten Beamten des Pharaos gemacht hatte, verzieh er seinen inzwischen in Not geratenen Brüdern und rettete sie und ihre Familien vor dem

sicheren Hungertod. Er steht damit in der Tradition seines Gottes: Die Menschen sündigen, er aber vergibt …

Moses *trug Hörner wie ein Teufel.*

Kleine Ursachen haben manchmal bekanntlich große Wirkungen. Dass beispielsweise der berühmte Michelangelo wie viele seiner weniger renommierten Kollegen den jüdischen Gesetzgeber Mose oder Moses mit teufelsgleichen Hörnern auf dem Kopf dargestellt haben, liegt an einem simplen Übersetzungsfehler.
Die Bibel berichtet, dass das Gesicht Moses immer dann, wenn er mit Gott gesprochen hatte, derart strahlte, dass er es verhüllen musste, um seine Landsleute nicht zu erschrecken. (vgl. 2. Buch Mose 34,35) In frühen Niederschriften des Alten Testamentes, die noch in einem Hebräisch verfasst waren, dessen Schrift keine Vokale kannte, mussten die Leser schon sehr genau wissen, was gemeint war, um nicht auf einen Irrweg zu geraten. So liegen die beiden Worte für ›strahlend‹ (karan) und für ›gehörnt‹ (kären) nur eine Winzigkeit auseinander. Als die Bibel im vierten Jahrhundert ins Lateinische übertragen wurde, passierte dann das Unglück: Statt Moses vor Freude und Glück strahlen zu lassen, setzte ihm der Kirchenvater Hieronymus Hörner auf …

N

Nacktheit *ist immer etwas Schlechtes.*

Die Annahme, dass die Bibel menschliche Nacktheit für etwas Verdammenswürdiges hält und am liebsten allen Menschen zur Lustbekämpfung zumindest das Tragen von Feigenblättern oder Feinrippunterwäsche zur Pflicht machen würde, beruft sich meist auf die Geschichte von der Vertreibung Adams und Evas aus dem Paradies. Dort heißt es, nachdem die teuflische Schlange die beiden überredet hatte, von der verbotenen Frucht zu essen: »Da gingen ihnen die Augen auf und sie merkten, dass sie nackt waren. Deshalb flochten sie Feigenblätter zusammen und machten sich Lendenschurze daraus.« (1. Buch Mose 3,7) Unbekleidet durch die Welt zu gehen, dürfte demnach anscheinend gegen Gottes Willen gewesen sein, schließlich greift der Herr nur wenig später ja sogar selbst zu Nadel und Faden. Bevor die beiden ersten Menschen endgültig das Paradies verlassen müssen, erweist ihnen ihr Gott noch einen rührend wirkenden Liebesdienst: »Gott der Herr machte Adam und seiner Frau Kleider aus Fell und zog sie ihnen an.« (1. Buch Mose 3,21)

Das Zeichen war gesetzt: Nacktheit galt es für Jüdinnen wie Juden ab sofort bei Strafe gesellschaftlicher Ausgrenzung zu vermeiden. Sich ohne Kleidung zu zeigen, war entehrend. Nacktheit wurde als abstoßend betrachtet, eine Kultur nahezu ungehemmter Zeigefreudigkeit wie diejenige vieler heutiger Industriegesellschaften wäre einem Zeitgenossen Noahs, Abrahams oder Davids widernatürlich und abartig vorgekommen. Als seine Söhne Sem, Ham und Japhet ihren Vater Noah beispielsweise einmal nackt und angetrunken in seinem Zelt fanden, näherten sich die beiden älteren ihm bewusst rückwärts, um seine Nacktheit gar nicht erst zu Gesicht zu bekommen. (vgl. 1. Buch Mose 9,20ff)

Sich nackt zu zeigen, scheint noch nicht einmal bei den Ehepaaren des Volkes Israel zum normalen erotischen Repertoire gehört zu haben. Ein Beispiel dafür findet sich im Buch Genesis, als der mit seinem Zwillingsbruder Esau hoffnungslos zerstrittene Jakob sein Vaterhaus verlassen muss. Er flieht zu seinem Onkel Laban, in dessen jüngere Tochter Rachel er sich sofort verliebt. Nachdem Laban ihn zunächst einmal sieben lange Jahre Frondienst für sich verrichten ließ, schickt er ihm jedoch heimlich seine ältere und hässlichere Tochter Lea ins Hochzeitszelt. Jakob bemerkt diesen Betrug angeblich erst am folgenden Morgen, und dafür dürfte es nur eine Erklärung geben: Lea hat sich in dieser entscheidenden Nacht offensichtlich weitestgehend bedeckt gehalten. (vgl. 1. Buch Mose 29)

Ist Nacktheit also gegen den Willen Gottes? Nicht unbedingt. Dass sie in der Bibel an vielen Stellen in einem negativen Licht erscheint, ist eher historisch als theologisch bedingt. Wie anders ließe es sich erklären, dass weibliche – und übrigens auch männliche – Schönheit namentlich im Alten Testament als positiv und erstrebenswert dargestellt wird. Anders als im Neuen Testament, wo keine Frau ausdrücklich als ›schön‹ bezeichnet wird und der Leser sogar im Unklaren darüber gelassen wird, ob die Mutter Jesu – wie viele bildliche Darstellungen nahe legen – eine attraktive Frau war, werden in den alttestamentlichen Texten nicht nur Frauen wie Abrahams Frau Sara, Isaaks Frau und Kusine Rebekka oder die badende Bathseba ausdrücklich als schön bezeichnet. Auch von Männern wie etwa dem König David wird gesagt, er sei ein schöner Mann gewesen. Und im bekanntberüchtigten Hohen Lied Salomos geht es schließlich sogar so sehr zur Sache, dass auch heute noch vielen Lesern bei der Lektüre die Wangen glühen dürften …

O

An der Krippe standen **Ochs' und Esel**.

Die Wahrscheinlichkeit spricht nicht unbedingt dagegen: Wenn Maria und Josef ihren Sohn schon an einem Ort zur Welt bringen mussten, an dem für ihn als erstes Lager nur eine Futterkrippe zur Verfügung stand, warum sollten dann nicht auch ein Ochse und ein Esel in der Nähe gewesen sein? Für die Anwesenheit eines Esels spricht zudem, dass ein Tier dieser Gattung die hochschwangere Maria den steilen und beschwerlichen Weg hinauf nach Bethlehem getragen haben könnte.

Soviel zu den Wahrscheinlichkeiten. Ob es allerdings wirklich so war, dazu findet sich in den vier Evangelien des Neuen Testaments kein einziges Wort. Ein Ochse und ein Esel, wie sie in den traditionellen Weihnachtskrippen vieler Wohnzimmer den Stall von Bethlehem bevölkern, werden dort nicht erwähnt. Dass sie der Volksglaube dorthin versetzte, dürfte vielmehr mit einer Vision des Propheten Jesaja zusammenhängen, aus der ebenfalls zu Weihnachten oft gelesen und vorgetragen wird. Durch den Mund des weissagenden Jesaja äußert sich Gott dort klagend über sein auserwähltes Volk: »Ich habe Kinder aufgezogen; und jetzt, wo sie groß geworden sind, sagen sie sich von mir los! Jeder Ochse kennt seinen Besitzer und jeder Esel die Futterkrippe seines Herrn. Israel aber will nicht begreifen, wem es gehört. Mein Volk nimmt keine Vernunft an.« (Jesaja 1,2f)

Symbolisch gibt es zudem einiges, was für ein Publikum aus Ochs' und Esel spricht. Gelten beide doch als geduldige und tüchtige Arbeitstiere, die für einfache Bauern, für Knechte und Mägde weit mehr Bedeutung haben als für Feldherren, Herrscher und Könige. Insofern könnte bereits ihre bloße Anwesenheit Teil der Botschaft Jesu sein, der sich ja auch stets besonders den Unterdrückten und Geschundenen zuwandte und nicht den selbst- und falschverstandenen Herren dieser Welt …

Onan *ist der Erfinder der Selbstbefriedigung und wurde deshalb von Gott umgebracht.*

Die Geschichte von Onan, der von Lust und Sex anscheinend eine etwas andere Auffassung hatte als sein alles sehender und alles kontrollierender Gott und der von diesem deshalb getötet wurde, dürfte bei unzähligen Generationen von Jugendlichen für ein schlechtes Gewissen gesorgt haben und immer noch sorgen. Dabei war alles doch ganz anders.

Onan, Sohn des Juda und damit eines der Stammväter Israels, ist offensichtlich ein Durchschnittstyp, über den die Bibel nicht viele Worte verliert. Ins Rampenlicht tritt er erst, als sein älterer Bruder mit dem in der deutschen Sprache etwas verwirrenden Namen ›Er‹ etwas tut, das Gott missfällt. Die Bibel sagt zwar nicht, was das ist, aber es ist offensichtlich schlimm genug, um Er umgehend aus dem Diesseits abzuberufen.

Nun ist Onan gefragt. Nach damaligem Brauch und mosaischem Gesetz fordert sein Vater ihn auf, statt seines Bruders, der ohne Erben starb, seine Schwägerin zu schwän-

gern und für einen männlichen Nachfahren zu sorgen, der dann den Namen des Verstorbenen tragen würde.
Onan ist nicht gerade begeistert. Wenn er Kinder zeugt, will er auch als deren Vater gelten! Nicht ganz konsequent beschließt er, zwar durchaus mit der Frau seines Bruders ins Bett zu gehen und damit den Schein zu wahren, es andererseits aber keinesfalls zum Äußersten kommen zu lassen. Oder, wie es die Bibel ausdrückt: Immer, wenn er mit der Frau seines Bruders schläft, lässt er »den Samen auf die Erde fallen«. (1. Buch Mose 38,9) Sein Gott Jahwe ist mit diesem Gang der Dinge allerdings alles andere als zufrieden. Er sieht sich hintergangen und die Konsequenz ist entsprechend hart: Wie sein Bruder Er muss auch Onan sterben.
Bemerkenswert ist diese knappe Geschichte, die im Alten Testament kaum sieben Verse ausmacht, nicht nur, weil in ihr der Herr sehr direkt ins Geschehen eingreift. Bemerkenswert ist sie auch wegen eines gewissermaßen doppelten Missverständnisses: Weder auf himmlischer noch auf irdischer Seite geht es in ihr zunächst einmal um Moral!
Weder rebelliert Onan, weil es ihm unsittlich erscheint, mit seiner Schwägerin zu schlafen, noch geht es seinem Gott um die Verdammung bestimmter Sexpraktiken. Er will einzig und allein dafür sorgen, dass die Vermehrung seines Volkes Israel durch keinerlei Verhütung behindert wird. Onan hat diesen göttlichen Plan durchkreuzt und wird deshalb bestraft.
Die Männer und Frauen des Alten Testaments hatten sich nicht nur zu ihrem persönlichen Vergnügen zu paaren, Hauptzweck der Ehe und der ehelichen Vereinigung hatte für sie vielmehr die Fortpflanzung zu sein. Und dieser Forderung widerspricht es, wenn Onan, statt die Witwe seines

Bruders zu heiraten und so für den Fortbestand der Sippe zu sorgen, seinen wertvollen Samen vergeudet, indem er eine Zeugung vorsätzlich ausschließt.
Dass Onan das dadurch erreichte, dass er so ausgiebig Hand an sich legte, dass er zu einem Geschlechtsverkehr mit seiner Schwägerin gar nicht mehr fähig war, dürfte bei einem Mann in seinen Jahren allerdings eher unwahrscheinlich sein. Einiges mehr spricht dafür, dass der clevere Zeugungsunwillige den Coitus interruptus wenn schon nicht erfand, so doch zumindest ausübte. Der sexuellen Praktik, mit der sein Name bis heute fast unlösbar verbunden ist, mag er dagegen zwar wie fast alle Männer und weit mehr als die Hälfte aller Frauen vielleicht manchmal gefrönt haben, für seinen Tod ist sie aber nicht verantwortlich …

Ostern *ist dasselbe wie Pessach: nur eben christlich.*

Von wegen Weihnachten! Anders als vor allem viele alljährlich reich beschenkte Kinder meinen, ist nicht etwa das so genannte ›Christfest‹ das wichtigste Fest der Christenheit. Dieser Rang gebührt vielmehr dem Osterfest und damit – gemeinsam mit Pfingsten – einem der ältesten Feste des Christentums.
Zwar liegt das christliche Ostern immer in kalendarischer Nähe zum jüdischen Pessach- oder Passahfest und in vielen Sprachen ist der Name für Ostern auch von ihm abgeleitet (italienisch: Pasqua, französisch: Pâques, russisch: Pascha), die Inhalte, derer gedacht wird, sind aber natürlich völlig andere. Während die Juden mit ihrem Pessach das Andenken an den Auszug ihres Volkes aus Ägypten und damit das Ende seiner Versklavung begehen, feiern die Christen zu

Ostern die Auferstehung Christi und damit nach christlichem Verständnis gleichzeitig den Sieg über den Tod und die ewige Verdammnis.

Bezüge von Ostern auf Pessach gibt es dennoch, und das nicht nur, weil sich Tod und Auferstehung Jesu nach christlicher Überzeugung direkt im Vorfeld des Pessachfestes im Jahr 33 ereignet haben. So findet beispielsweise das jüdische Pessachmahl, bei dem unter anderem ungesäuertes Brot verzehrt wird, ein christliches Gegenstück im Abendmahl, bei dem die Gläubigen ungefähr seit dem 11. Jahrhundert in Form einer Hostie oder Oblate ebenfalls ungesäuertes Brot zu sich nehmen. Doch gleiches zu tun, muss schließlich nicht immer gleiches bedeuten …

P

Vor seiner Taufe hieß **Paulus** *Saulus.*

An dieser Aussage ist ausnahmsweise einmal absolut nichts falsch. Paulus, sicher der bedeutendste Theologe des frühen Christentums und außerdem einer seiner aktivsten Missionare, bekam bei seiner Geburt in der heute südtürkischen Hafenstadt Tarsus den jüdischen Vornamen Saulus. Anders als es eine sprichwörtliche Redewendung nahe legt, musste er jedoch nie ›vom Saulus zum Paulus werden‹: Den lateinischen Namen Paulus – oder in seiner griechischen Form ›Paulos‹ – trug er ebenfalls von Geburt an: Vor wie nach seiner spektakulären Bekehrung zum Christentum hieß er also sowohl Saulus als auch Paulus.

Dies wird auch von der Apostelgeschichte bestätigt, wo es im Zusammenhang mit einer – für die aufbrausende Energie des Paulus durchaus typischen – Begegnung mit einem Zauberer und falschen Propheten fast beiläufig heißt: »Saulus – mit seinem römischen Namen heißt er übrigens Paulus – sah den Magier scharf an. Vom Heiligen Geist erfüllt sagte er dann zu ihm: ›Du Sohn des Teufels, voll List und Tücke kämpfst du gegen alles Gute. Willst du nicht endlich aufhören, Gottes klare Absichten zu durchkreuzen?‹« (Apostelgeschichte 13,9f)

Saulus oder Paulus: Diese Frage stellt sich also überhaupt nicht. Der Apostel trug schlicht einen zweisprachigen Doppelnamen, wie es unter den Juden der Diaspora nicht unüblich war. Das entsprach auch seiner sozialen Herkunft: Paulus stammte aus einer wohlhabenden Weberfamilie, er kannte sich in der griechischen Kultur aus und besaß das römische Bürgerrecht. Verglichen mit den eher bodenständigen Fischern vom See Genezareth war er der weltläufige Intellektuelle. Was der Treue zu seinem Herrn aber keinen Abbruch tat …

Der liebe Gott war der erste **Pazifist**.

Das Bild wäre ja auch zu schön: der Gott der Juden und der Christen ein unübertreffliches Vorbild der Liebe und des Friedens unter den Völkern, ein – wie es beim Propheten Jesaja in seiner bekannten Weissagung heißt – »umsichtiger Herrscher, mächtiger Held, ewiger Vater, Friedensfürst«. (Jesaja 9,5)

Schön wäre es in der Tat, und einfach noch dazu. Doch so leicht will es der Herr den Seinen offensichtlich nicht machen. Wer namentlich das Alte Testament auch nur überfliegt, findet dort immer wieder Schilderungen von außergewöhnlicher Grausamkeit oder Aufrufe zu blutiger Gewalt, die aber dennoch dem Willen Gottes entsprechen sollen.

In den oft auch sehr poetischen Psalmen verfluchen beispielsweise die nach Babylon verschleppten Juden ihre Peiniger mit einem deutlichen Gegenbild zu der späteren freundlichen Aufforderung »Lasset die Kindlein zu mir kommen!« (Matthäus 19.14): »Babylon, auch du wirst bald verwüstet! Gott segne den, der dir heimzahlt, was du uns angetan hast! Gott segne den, der deine Kinder packt und sie am Felsen zerschmettert!« (Psalm 137,8)

Als der Gott des Alten Testamentes und der Zehn Gebote Mose kurz vor dessen Tod auffordert »Bestrafe die Midianiter für das, was sie den Israeliten angetan haben!« (4. Buch Mose 31,2) kommt es zu einem regelrechten Gemetzel, bei dem alle midianitischen Männer von den israelitischen Soldaten getötet werden. Mose ist damit aber immer noch nicht zufrieden, er herrscht seine Soldaten an: »Warum habt ihr die Frauen am Leben gelassen? (…) Tötet alle Kinder, die männlichen Geschlechts sind, und alle Frauen, die schon mit einem Mann Verkehr gehabt haben! Nur die Mädchen, die noch unberührt sind, dürft ihr am Leben lassen und für euch behalten.« (4. Buch Mose 31,15ff)
Nach heutigem Verständnis hätte eine solche Aufforderung leicht dafür ausgereicht, eine der größten Gestalten der Bibel samt ihres himmlischen Oberbefehlshabers ohne weitere Umstände vor das Kriegsverbrechertribunal in Den Haag zu zitieren! Der Autor des 4. Buches Mose fand an den Ausschreitungen dagegen nichts besonderes; er listet sogar detailliert auf, welcher Anteil an der Kriegsbeute über die Priester seinem Gott zukommt: »675 Schafe und Ziegen, 72 Rinder, 61 Esel und 32 Mädchen.« (4. Buch Mose 31,40)
Ähnliche Passagen lassen sich auch in anderen Teilen der Bibel finden. Von Pazifismus und Feindesliebe keine Spur, Gott erscheint in diesen Schilderungen eher wie ein blutrünstiger Massenmörder und Erfinder ethnischer Säuberungen. Für das Wohl seines auserwählten Volkes geht er ganz real über Leichen und lässt ganze Städte und Landschaften in Schutt und Asche legen!
Ein Gott im Blutrausch? So einfach ist es nun auch wieder nicht. Neben Szenen größter Gewalt finden sich sogar im

Alten Testament immer wieder Texte, die den Krieg und die mit ihm verbundenen Grausamkeiten verurteilen und zu einem friedlichen Zusammenleben auffordern. Dies gilt bei weitem nicht nur für die Zehn Gebote, wo es eindeutig heißt: »Du sollst nicht töten!« Eine weitere Stelle, die mit ihrer symbolhaften Sprache bis in unsere jüngste Vergangenheit besonders stark nachgewirkt hat, findet sich beim Propheten Jesaja: »Vom Zionsberg in Jerusalem wird der Herr sein Wort ausgehen lassen. Er weist die Völker zurecht und schlichtet ihren Streit. Dann schmieden sie aus ihren Schwertern Pflugscharen und aus ihren Speerspitzen Winzermesser. Kein Volk wird mehr das andere angreifen und niemand lernt mehr das Kriegshandwerk.« (Jesaja 2,3f)

Diese Kritik an der Gewalt in allen ihren Formen wird im Neuen Testament noch weiter getrieben. In seiner berühmten Bergpredigt (Matthäusevangelium 5) sagt Jesus den Sanftmütigen, den Barmherzigen und den Friedfertigen die Seligkeit zu, d.h. er preist ausdrücklich diejenigen, die der Gewalt abgeschworen haben und ihre Konflikte friedlich lösen. Am konsequentesten findet sich diese Absage an Mord und Totschlag im Lukasevangelium, wo Jesus ausdrücklich von seinen Anhängern fordert: »Liebt eure Feinde; tut denen Gutes, die euch hassen!« (Lukasevangelium 6,27)

Die Christen werden also wohl damit leben müssen, dass sich in ihrer Bibel durchaus unterschiedliche Aussagen über die Anwendung und den Umgang mit Gewalt finden lassen. Wenn man nicht davon ausgehen will, dass der biblische Gott nach und nach vorsichtiger geworden ist und er von der Gewalt im Neuen Testament spürbar weniger hält als im Alten, kann es wohl einmal mehr nur an den Menschen gelegen haben, dass sein Wort auch in der Gewaltfrage nicht so eindeutig ausfällt wie vermutlich von den meisten seiner Anhänger gewünscht. Wahrscheinlich war es nicht der himmlische Inspirator, sondern schlicht seine irdischen Autoren, die im Lauf blutiger Jahrtausende sensibler geworden sind und dazugelernt haben …

Petrus *wurde von Jesus zum Papst ernannt.*

Vom Tellerwäscher zum Millionär zu werden, ist gegen diese Karriere allenfalls ein bescheidener Aufstieg: Simon, einfacher Fischer aus dem eher provinziellen Galiäa, brachte es immerhin zum Petrus, zum Felsen, den Jesus als Fundament für seine weltumspannende Kirche auswählte.
Seinen Beinamen – das lateinische Petrus entspricht dem griechischen Petros oder dem aramäischen Kephas – erhielt der Apostel, nachdem er in einem Gespräch, das Jesus mit seinen Jüngern bei der Stadt Caesarea Philippi auf den heutigen Golanhöhen führte, seinen Herrn mit den Worten gepriesen hatte: »Du bist Christus, der versprochene Retter, der Sohn des lebendigen Gottes!« Jesus würdigte diese Gotteserkenntnis, indem er ihm eine Zukunft prophezeite, die einfach nicht zu übertreffen war: »Du bist Petrus und auf diesen Felsen werde ich meine Kirche bauen und die Mächte der Unterwelt werden sie nicht überwältigen. Ich werde dir die Schlüssel des Himmelreichs geben: Was du auf Erden binden wirst, das wird auch im Himmel gebunden sein, und was du auf Erden lösen wirst, das wird auch im Himmel gelöst sein.« (Matthäusevangelium 16,5ff)
Diese Vorhersage mehr als nur irdischer Macht wird nochmals bekräftigt, als Jesus nach seinem Tod und seiner Auf-

erstehung sieben Jüngern erscheint, die sich wie früher zum Fischen an den See Genezareth zurückgezogen hatten. Hier gibt er Simon den zweimal wiederholten Auftrag: »Weide meine Lämmer! Weide meine Schafe!« (Johannesevangelium 21,15ff) Deutlicher kann man wohl kaum ausdrücken, welches Vertrauen Jesus dem Simon Petrus geschenkt hat, aber auch welche Verantwortung damit auf seine Schultern gelegt wurde.

Zum Papst ist er von seinem Herrn allerdings nicht ernannt worden. Dieser Titel, der in seiner ganzen Schwere und Schönheit lautet »Bischof von Rom, Statthalter Jesu Christi, Nachfolger des Apostelfürsten Petrus, Oberhaupt der weltumspannenden Kirche, Primas von Italien, Erzbischof und Metropolit der Kirchenprovinz Rom und Souverän des Vatikanstaates« wurde nämlich nicht von Jesus geprägt. Von einem Papst zu sprechen und ihm auch die zu einem Oberhaupt der Christenheit gehörende Machtfülle zuzubilligen, kam erst im vierten Jahrhundert auf.

Papst wurde Petrus also nie, eine herausgehobene Position in der sich entwickelnden christlichen Gemeinschaft nahm er aber auf jeden Fall ein. Sie entsprach einem der vielen Ehrentitel der Päpste, auch wenn sie so in der Bibel nicht erwähnt wird. Der einfache Fischer brachte es allein schon durch seine besondere Verbindung mit dem Gottessohn zum ›Pontifex Maximus‹, dem ›obersten Brückenbauer‹ zwischen Gott und den Menschen …

Die **Pharisäer** *waren alle Heuchler.*

Ihr Ruf ist ruiniert, zumindest bei den meisten Christen. Pharisäer gelten gemeinhin als selbstgerechte Heuchler;

sogar ihr Name ist als Schimpfwort in den allgemeinen Sprachgebrauch eingegangen. Diese Geringschätzung ist nicht nur das Ergebnis vieler Szenen im Neuen Testament, in denen Pharisäer als kleinliche und heimtückische Gegner Jesu dargestellt werden, sie kann sich vor allem auf einen seiner Aussprüche berufen. Er wird im Matthäusevangelium zitiert: »Wenn eure Gerechtigkeit nicht weit größer ist als die der Schriftgelehrten und der Pharisäer, werdet ihr nicht in das Himmelreich kommen.« (Matthäusevangelium 5,20)

Dabei haben die Pharisäer bei Licht betrachtet weitaus besseres verdient als biblischen Rufmord. Als eine Art intellektueller Elite des Judentums waren sie in ihrer Mehrheit keineswegs scheinheilig, sondern sie verlangten von sich wie von den anderen Juden stattdessen eine strenge Befolgung der göttlichen Gebote im Alltag. Nach ihrer Lehre konnte man nur bei absolutem Gehorsam gegenüber den mosaischen Gesetzen mit einiger Aussicht auf ein angenehmes Leben im Jenseits hoffen.

Mit Jesus in Konflikt gerieten sie dadurch, dass sie nur zu oft eine komplizierte Gesetzestreue verfolgten, die zwar den Buchstaben dieser Gesetze beachtete, seinen eigentlichen Sinn aber verfehlte. Jesus stellte dagegen die auch von ihm verlangte Treue gegenüber den Gesetzen in einen größeren Rahmen. Angesichts seines Umgangs mit verachteten gesellschaftlichen Außenseitern wie Huren, Geldeintreibern und Aussätzigen muss es den Pharisäern als besonders provokant erschienen sein, wenn Jesus ihnen den Inhalt ihrer Gesetze neu deutete und völlig andere Auffassungen davon vertrat, was denn im religiösen Sinn rein sei. Und es dürfte sie besonders gereizt haben, dass dieser immer mehr Anhänger gewinnende religiöse Revolutionär ihren Lehren nicht etwa jeden Wert absprach, sondern im Gegenteil behauptete, ihnen erst ihren vollen Glanz zu verleihen: »Denkt nicht, dass ich gekommen sei, um das Gesetz und die Weisungen der Propheten außer Kraft zu setzen. Ich bin nicht gekommen, um sie aufzuheben, sondern um sie zu erfüllen und ihnen ihre volle Geltung zu verschaffen. Ich versichere euch: Solange Himmel und Erde bestehen, wird kein i-Punkt und kein Komma im Gesetz gestrichen. Das ganze Gesetz muss erfüllt werden.« (Matthäusevangelium 17,5f)

Von diesen Scharmützeln abgesehen, dürfte Jesus den Pharisäern trotz allem zumindest nicht ganz fern gestanden haben. Beide versuchten ihren Glauben im Alltag der Menschen zu verankern, beide liebten diese Menschen und beide glaubten an ein Leben nach dem Tod. Das Volk wusste das entsprechend zu schätzen: Nicht nur Maria Magdalena spricht Jesus, als er ihr nach seiner Auferstehung am leeren Grab erscheint, mit dem pharisäischen Ehrentitel Rabbuni, d. h. Meister oder Lehrer, an (Johannesevangelium 20,16), dasselbe hat vorher auch beispielsweise schon ein Blinder getan, der von Jesus geheilt werden möchte (Markusevangelium 10,51). Ganz schlecht können die Pharisäer also nicht gewesen sein …

Propheten *sagen die Zukunft voraus.*

Dieser Satz hat etwas mit den berühmten Fragen an Radio Eriwan gemeinsam. Im Prinzip ist er richtig, aber …

Doch der Reihe nach: Unter Prophetie versteht man zwar die – göttlich inspirierte – Vorhersage zukünftiger positiver wie negativer Ereignisse, damit ist jedoch keine banale

Wahrsagerei gemeint, keine biblisch gebilligte Abart des Kartenlesens oder der Astrologie.
Die Propheten namentlich des Alten Testaments waren keine frühen Trendforscher oder Demoskopen, die ihren Zeitgenossen einen unverbindlichen Blick auf die Modefarben und Wahlergebnisse der kommenden Monate erlaubten, ihre Aufgabe war eher, als eine Art Sprachrohr Gottes den Zustand der gegenwärtigen oder zukünftigen Beziehungen zwischen Himmel und Erde darzustellen, durch die Schilderung einer glorreichen Endzeit Mut zu machen oder gegebenenfalls zur Umkehr aufzurufen.
Da die Propheten dabei in der Regel kein Blatt vor den Mund nahmen und gesellschaftliche wie religiöse Fehlentwicklungen deutlich beim Namen nannten, gerieten sie auch häufig in Konflikt mit den herrschenden Mächten oder der herrschenden Meinung. Mit einleuchtenden Abstrichen lassen sie sich noch am ehesten mit Journalisten vergleichen, die die Entwicklung des von seinem Herrn auserwählten Volkes kritisch verfolgen und kommentieren. Nur eben nicht mit gesellschaftlichem, sondern mit göttlichem Auftrag und mit göttlicher Autorität.
Daraus ergibt sich auch der ebenso einfache wie untrügliche Test für die Qualität und Echtheit der Propheten, der im 5. Buch Mose geschildert wird: »Wenn ein Prophet im Namen des Herrn etwas sagt und seine Voraussage trifft nicht ein, dann hat der Herr nicht durch ihn gesprochen. Er hat nur in seinem eigenen Auftrag geredet. Solch einen Propheten braucht ihr nicht ernst zu nehmen.« (5. Buch Mose 18,22) Das gilt bis heute …

Die Bibel verurteilt die **Prostitution**.

Tut sie nicht. Das Volk Israel wäre wohl kaum für seinen Realitätssinn berühmt, wenn es sich in der Bibel nicht auch dem Thema ›Prostitution‹ sehr nüchtern genähert hätte.
So pflegte Jesus einen äußerst vorurteilsfreien Umgang mit Huren und Dirnen, was ihm bei seinen Landsleuten durchaus nicht nur Lob für seine Toleranz einbrachte. Im Alten Testament wird zwar vor dem Umgang mit Prostituierten mehrfach gewarnt, doch stehen hinter dieser Warnung eher praktische als moralische Gründe. So heißt es im Buch Jesus Sirach sehr bodennah: »Gib dich nicht einer Dirne hin, damit sie dich nicht um dein Erbe bringe.« (Jesus Sirach 9,6)
Und in der zweiten salomonischen Spruchsammlung, deren Verfasser anscheinend wusste, wovon er sprach, wird in dieselbe Kerbe geschlagen: »Ein Mann, der Weisheit liebt, erfreut seinen Vater; wer aber mit Dirnen verkehrt, bringt das Vermögen durch.« (Buch der Sprüche 29,3)
Im Israel des Alten Testaments konnten Huren zu höchsten Ehren aufsteigen, wenn sie sich – außerhalb ihres Berufes – für die Gesellschaft verdient machten. Die käufliche und in ihrer Heimatstadt offensichtlich recht populäre Rahab half beispielsweise mit ihren taktischen Finessen dabei, dass das Heer Josuas, des Nachfolgers Moses, die Stadt Jericho ohne wesentliche eigene Verluste einnehmen konnte. Eine Leistung, die ihr 28 Generationen später im ersten Kapitel des Matthäusevangeliums immerhin die Ehre einbringt, unter die Vorfahren des Messias gerechnet zu werden.
Dass die biblischen Stammväter die käufliche Liebe andererseits besonders geschätzt hätten, lässt sich aus ihren Schriften allerdings auch nicht herauslesen. Eher war es so,

dass die Prostitution allgemein als ein gesellschaftliches Phänomen betrachtet wurde, mit dem man realistischerweise zu leben hatte – und auch zu leben wusste. Sie wurde als unabänderlich akzeptiert. Allein die Propheten, die in ihr ein Symbol der Verworfenheit Israels und der Abwendung von seinem Gott sahen, geißelten sie als strenge Zuchtmeister ihres Volkes immer wieder aufs Neue. Männer von heute mögen in diesem Zusammenhang in den Wind schlagen, wenn etwa der Prophet Jeremia den zürnenden Jahwe enttäuscht über sein auserwähltes Volk sprechen lässt: »Ich machte sie satt, doch sie trieben Ehebruch und waren zu Gast im Hurenhaus.« (Jeremia 5,7), eine besondere Warnung der Bibel gilt jedoch für die Playboys aller Zeiten und Epochen: »Wie eine geschleifte Stadt, die keine Mauern mehr hat, so ist ein Mann ohne Selbstbeherrschung.« (Buch der Sprüche 25,28) Lyrisch, aber treffend.

Die **Psalmen** *sind so eine Art Sinnsprüche für jeden Tag.*

Fast richtig. Zwar lässt sich aus dem Buch der Psalmen auch heute noch viel Lebensweisheit schöpfen, dennoch sind sie weit davon entfernt, etwa nur so eine Art göttliches Poesiealbum voll religiöser Sinnsprüche abzugeben. Sie sind weit mehr. Höchst poetisch legen sie Zeugnis davon ab, wie Menschen sich mit ihrem nicht immer unproblematischen Verhältnis zu ihrem Gott auseinandersetzen, wie sie ihren Herrn loben und preisen, wie sie ihm danken, manchmal auch mit ihm hadern und – nicht zu vergessen – wie sie in Not natürlich auch Zuflucht bei ihm suchen.

Die 150 geistlichen Lieder und Gebete, die neben weiteren, die sich an anderen Stellen der Bibel finden, im alttestamen-

tarischen Buch der Psalmen versammelt sind, stellen allerdings keine Sammlung von Beispielen schlichter jüdischer Volksfrömmigkeit dar. Sie sind vielmehr als literarische Kunstwerke von hohem Rang anzusehen, für die nicht ein kollektives Volk, sondern jeweils einzelne Dichter und Sänger die Urheberschaft beanspruchen können. Sensibel haben sie künstlerisch umgeformt und wiedergegeben, was damals viele fühlten und heute immer noch fühlen. Wie sehr ihnen das gelungen ist, zeigt – in der klassischen Übersetzung der Lutherbibel – beispielhaft der 23. Psalm, einer der wohl bekanntesten Texte der Bibel:
»Der HERR ist mein Hirte, mir wird nichts mangeln. Er weidet mich auf einer grünen Aue und führet mich zum frischen Wasser. Er erquicket meine Seele. Er führet mich auf rechter Straße um seines Namens willen. Und ob ich schon wanderte im finstern Tal, fürchte ich kein Unglück; denn du bist bei mir, dein Stecken und Stab trösten mich. Du bereitest vor mir einen Tisch im Angesicht meiner Feinde. Du salbest mein Haupt mit Öl und schenkest mir voll ein. Gutes und Barmherzigkeit werden mir folgen mein Leben lang, und ich werde bleiben im Hause des HERRN immerdar.«
Obwohl dieser Psalm selbst den biblischen König, Sänger und Herzensbrecher David als Autor nennt, ist keineswegs ausgemacht, dass dieses Trostgedicht auch wirklich von ihm stammt. Viele der Psalmen sind ihm erst nachträglich zugeschrieben worden, vermutlich, um ihnen mehr Gewicht zu verleihen und von der Popularität seines Namens zu profitieren. Ein gewisser Starkult lässt sich also auch in der Bibel finden …

Eltern sollten ihre Kinder **prügeln**. *Das ist ein göttlicher Ratschlag.*

Der kleine Jesus scheint auch nicht immer der reine Sonnenschein für seine Eltern gewesen zu sein. So erzählt der Evangelist Lukas von einem denkwürdigen Vorfall, der Maria und Josef von einem Augenblick auf den anderen schwere Sorgen am Tag und ruhelose Schlaflosigkeit in der Nacht eingebracht haben dürfte.

Zusammen mit anderen Pilgern und ihrem 12-jährigen Sohn hatten sie sich zu Pessach nach Jerusalem aufgemacht, um dieses Fest dort im Tempel der Tradition gemäß zu begehen. Die Feierlichkeiten waren längst vorbei und die Reisegesellschaft bereits wieder auf dem Rückweg, da bemerkten sie, dass ihr Kind nicht anderswo in der Gruppe bei Verwandten oder Freunden war, wie sie gedacht hatten. Schleunigst kehrten sie um, um den Vermissten in Jerusalem zu suchen. Erst am dritten Tag fanden sie ihn im Tempel, wo er im Kreis der Gesetzeslehrer saß und mit ihnen diskutierte.

Die Theologen waren von seinem Wissen und seiner Intelligenz begeistert, Maria und Josef hatten dagegen eher Gefühle wie wohl alle Eltern in einer ähnlichen Situation: »Sie waren völlig außer sich, als sie ihn fanden. Seine Mutter sagte zu ihm: ›Kind, warum hast du uns das angetan? Dein Vater und ich haben dich überall gesucht und große Angst um dich ausgestanden.‹« (Lukasevangelium 2,48)

Jesus ist zu wünschen, dass die beiden sich nicht allzu streng nach den Erziehungsratschlägen des Alten Testaments gerichtet haben, denn sonst hätte der Gottessohn sich vermutlich eine sehr irdische Tracht Prügel eingefangen. In den biblisch notierten Sprüchen Salomos wird Vätern beispielsweise empfohlen: »Wer den Stock schont, hasst seinen Sohn; wer seinen Sohn aber liebt, der züchtigt ihn beizeiten.« (Buch der Sprüche 13,24) Wenige Kapitel später folgt noch eine nicht weniger gewalttätige Ermunterung: »Erzieh deinen Sohn mit Strenge. Eine Tracht Prügel bringt ihn nicht um.« (Buch der Sprüche 23,13)

Ist die Bibel also ein reaktionäres Brevier der Prügelpädagogik, des bedingungslosen Zuspruchs zur Züchtigung? Mitnichten, denn das hieße sie so wörtlich zu verstehen wie ein Taliban seinen Koran. Wer den Sinn des Alten wie des Neuen Testaments richtig erfassen will, kommt vielmehr nicht umhin, sie aus der Zeit heraus zu verstehen, in der sie entstanden ist. Das aber bedeutet, dass was für eine noch relativ einfach strukturierte Feudalgesellschaft der Bauern, Fischer und Handwerker sinnvoll oder vielleicht auch nur akzeptabel gewesen sein mag, bei bruchloser Übertragung auf die Verhältnisse einer modernen Industrie- und Informationsgesellschaft weder hinnehmbar ist noch Gottes Willen entsprechen dürfte.

Beim mehr oder minder heftigen Schlag der elterlichen Hand wäre dann nämlich lange noch nicht Schluss. Wörtlich genommen und nicht in den Rahmen ihrer Zeit gestellt würden namentlich manche Gesetze des Alten Testaments unsere Gesellschaft in einem absolut nicht wünschenswerten und nach rückwärts gewandten Sinn umgestalten.

Wie weit das gehen und welche Konsequenzen das haben könnte, zeigt ein im Internet veröffentlichter Brief an die amerikanische Radiomoderatorin Laura Schlessinger, die auch über die USA hinaus durch ihre konservativen Kommentare und ihre fundamentalistische Auslegung der Bibel

viel Zuspruch gefunden hat. Ein offensichtlich satirisch begabter Hörer stellte ihr vor einiger Zeit unter anderem folgende Fragen:
»Ich würde gerne meine Tochter in die Sklaverei verkaufen, wie es in 2. Mose 21,7 erlaubt wird. Was wäre Ihrer Meinung nach heutzutage ein angemessener Preis für sie?
In 3. Mose 21,20 wird dargelegt, dass ich mich dem Altar Gottes nicht nähern darf, wenn meine Augen von einer Krankheit befallen sind. Ich muss zugeben, dass ich Lesebrillen trage. Muss meine Sehkraft perfekt sein oder gibt es hier ein wenig Spielraum?
Die meisten meiner männlichen Freunde lassen sich ihre Haupt- und Barthaare schneiden, inklusive der Haare ihrer Schläfen, obwohl das eindeutig durch 3. Mose 19,27 verboten wird. Wie sollen sie sterben?«
Und schließlich der Höhepunkt: »Ich weiß aus 3. Mose 11,6 bis 8, dass das Berühren der Haut eines toten Schweins mich unrein macht. Darf ich aber trotzdem Fußball spielen, wenn ich dabei Handschuhe anziehe?«
Womöglich das Ende der Bundesliga durch göttliche Anordnung? Das wäre denn doch wirklich zuviel …

S

Die Tänzerin **Salome** *war ein ganz verruchtes Geschöpf.*

Ihre Leistung ist nicht zu verachten: Sie wird in der Bibel noch nicht einmal namentlich erwähnt und ihre Geschichte ist kurz, dennoch hat es die Tänzerin Salome zu einer Bekanntheit gebracht, die sich bei weitem nicht nur auf den kirchlichen Raum beschränkt. Viele Künstler haben sich durch ihre Geschichte zu Meisterwerken inspirieren lassen: Sie steht im Zentrum eines Mosaiks im Markusdom von Venedig, Gustave Flaubert widmete ihr eine Erzählung, Oscar Wilde eine Tragödie, der erotische Jugendstilkünstler Aubrey Beardsley verewigte sie in aufregendem Schwarz/Weiß und Richard Strauss komponierte zu ihrer Geschichte eine Oper. Wer war diese Frau – und war sie wirklich so verworfen und verrucht, wie die Künstler es uns glauben machen wollen?

Begonnen hatte alles damit, dass der damals wie heute berühmte Johannes der Täufer die gesetzwidrige Heirat zwischen dem König Herodes Antipas und seiner Schwägerin Herodias öffentlich als Ehebruch angeprangert hatte. Herodes, der nicht mit seinem Vater, dem biblischen Kindermörder gleichen Namens verwechselt werden darf, hatte ihn daraufhin in den Kerker werfen lassen.

Als nun bei einem Staatsbankett aus Anlass des königlichen Geburtstages seine Stieftochter Salome, die anwesenden Männer mit einer Tanzdarbietung voll sinnlich-erotischer

Schwüle anscheinend um jeden Verstand gebracht hatte, nahm sie ihrem Stiefvater den leichtfertigen Schwur ab, ihr jeden Wunsch zu erfüllen, der ihr über die Lippen käme. Nur wenige Augenblicke später dürfte Herodes diese Zusage bereits bereut haben. Da er Angst haben musste, dass jede gewaltsame Aktion gegen den im Volk populären Johannes womöglich seine Herrschaft gefährden könnte, kam es ihm vermutlich ausgesprochen ungelegen, als Salome auf Veranlassung ihrer Mutter Herodias nicht etwa irgendwelche Pretiosen verlangte, sondern einen unerwartet schauerlichen Wunsch äußerte: »Lass mir sofort auf einem Teller den Kopf Johannes des Täufers bringen.« (Matthäusevangelium 14,8) Weil Herodes seinen Eid vor Zeugen geschworen hatte, war damit das Schicksal des prophetischen Predigers allerdings besiegelt: Er wurde hingerichtet.
Salomes animierende Hüftschwünge schufen damit einen Märtyrer und hatten so überaus verheerende Folgen. Die offensichtlich begabte Amateurtänzerin deswegen aber gleich als eine frühreife femme fatale abzustempeln, dürfte ihr nicht gerecht werden. Es ist eher zu vermuten, dass ihr Körper um einiges weiter entwickelt war als ihr Verstand und dass sie die furchtbaren Folgen ihrer Handlungen nicht abschätzen konnte. Statt eines liederlichen Luders am herodianischen Hof dürfte es sich bei ihr bloß um ein willenloses Werkzeug in den Händen einer rachedurstigen Mutter gehandelt haben …

Salomo *war ein weiser Herrscher, an dem Gott nur Freude hatte.*

Das weiß doch jedes Kind: König Salomo, der im Israel des zehnten Jahrhunderts vor Christus regierte, war ein weiser

Herrscher, ein gerechter Richter und überhaupt ein gottesfürchtiger Mensch. Oder doch nicht?
Sein Start war zumindest vielversprechend. Als sein Gott Jahwe dem jungen Salomo in einem Traum anbietet, ihm seinen größten Wunsch zu erfüllen, bittet der ihn nämlich nicht etwa um unermessliche Schätze oder die Weltherrschaft. Der Neuling auf dem Königsthron wünscht sich stattdessen nur die Weisheit, zwischen Gut und Böse unterscheiden zu können. Gott ist offensichtlich gerührt von so viel Bescheidenheit, denn er erfüllt nicht nur Salomos Bitte, sondern ist weit freigiebiger: »Auch das, worum du nicht gebeten hast, will ich dir geben, sowohl Reichtum als Ehre, so dass keiner unter den Königen sich mit dir messen kann.« (1. Buch der Könige 3,13)
König Salomo weiß aus dieser göttlichen Großzügigkeit zunächst durchaus etwas zu machen. Er agiert geschickt auf politischem, wirtschaftlichem und kulturellen Gebiet, kann das von seinem Vater David ererbte Großreich aber nicht auf Dauer festigen und knechtet als geltungssüchtiger Despot zudem sein Volk durch harte Fronarbeiten und hohe Steuern. Die Bibel verschließt davor keineswegs die Augen, denn der Chronist bilanziert nüchtern: Solomo tat »was den Augen des Herrn missfiel; er gehorchte dem Herrn nicht immer so wie sein Vater David«. (1. Buch der Könige 11,6)
Die Zusage Gottes auf mit keinem anderen König vergleichbaren Reichtum bezieht Salomo beispielsweise offensichtlich nicht nur auf irdische Herrscher. An seinem eigenen Palast baut er 13 Jahre, der nördlich davon gelegene Tempel, immerhin das Haus Gottes auf Erden, wird dagegen bereits nach sieben Jahren fertig.

Von Monogamie hält er allem Anschein nach zudem ebenso wenig wie von Askese. Die Bibel rechnet ihm 1.000 Frauen und Nebenfrauen vor und kritisiert diese königliche Vielweiberei hart: »Der König Salomo liebte viele ausländische Frauen neben der Tochter des Pharao. Es waren moabitische, ammonitische, edomitische, sidonische und hethitische Frauen, aus den Völkern also, von denen der Herr den Israeliten geboten hatte: ›Ihr sollt nicht zu ihnen gehen, und sie sollen nicht zu euch kommen; sonst wenden sie eure Herzen ihren Göttern zu.‹« (1. Buch der Könige 11.1f)
Mit seinem eigenen Gott, das hätte der weise Salomo eigentlich wissen müssen, ist in solchen Dingen nicht zu spaßen. Es kommt deshalb so, wie es kommen muss: Als er seinen exotischen Gespielinnen zuliebe irgendwann sogar heidnische Tempel errichtet und Götzenopfer darbringt, erzürnt diese Unbotmäßigkeit seinen Herrn fürchterlich. Er bestraft König Salomo durch den Entzug von Gunst und Gütern, wegen der Verdienste seines Vaters David gewährt er ihm allerdings eine letzte Gnadenfrist: »Ich will dir das Königtum wegnehmen und es deinem Knecht geben. Doch um deines Vaters David willen werde ich das noch nicht zu deinen Lebzeiten tun; erst deinem Sohn werde ich es entreißen.« (1. Buch der Könige 11,11f)
»Übermut tut selten gut!« Auch das kann man aus der Bibel lernen …

Samariter *bedeutet so etwas ähnliches wie Sanitäter.*

Nicht nur, dass die beiden Wörtern ähnlich klingen, im heutigen Sprachgebrauch wird unter einem Samariter auch jemand verstanden, der anderen uneigennützig und selbstlos hilft. Das Wort hat also eine durchweg positive Bedeutung.

In der Bibel ist das bei weitem nicht immer der Fall. Deutlich wird vielmehr, dass es zwischen den Israeliten und den Samaritern – oder Samaritanern – dauerhafte Spannungen und Konflikte gab. Unter Samaritern versteht das Alte Testament nämlich nicht etwa Krankenpfleger sondern die Bewohner Samariens, einer Region rund um das heutige Nablus im Westjordanland. Die Samariter bildeten eine Multikulti-Bevölkerung, die entstanden war, als der assyrische König die Juden aus diesem Gebiet vertrieben und Angehörige anderer Völker dort angesiedelt hatte. Den strenggläubigen Juden war diese bunte Mischung ein Gräuel. Zum Teil sicher in propagandistischer Überzeichnung, zum Teil sicher aber auch ganz realistisch schildert die Bibel die Situation: »Sie stellten die Bilder ihrer Götter auf und opferten ihnen; die Leute aus Sefarwajim verbrannten sogar die eigenen Kinder für ihre Götter Adrammelech und Anammelech. Sie verehrten daneben aber auch den Herrn und setzten aus ihren eigenen Reihen Priester ein, die an den Opferstätten überall im Land den Opferdienst für ihn versahen. So dienten sie gleichzeitig dem Herrn und ihren eigenen Göttern, denn sie hielten an den Bräuchen fest, die sie aus ihren Heimatländern mitgebracht hatten.« (2. Buch der Könige 17,31ff)

Erst vor diesem Hintergrund wird deutlich, welche Provokation Jesu Gleichnis vom barmherzigen Samariter für seine Landsleute dargestellt haben muss. In der im Lukasevangelium erzählten Geschichte fällt ein Mann unter die Räuber und bleibt schwer verletzt am Straßenrand liegen. Ein Priester und ein Levit, also zwei hohe jüdische Wür-

denträger, gehen vorbei, ohne ihm zu helfen. Erst einer der verachteten Samariter nimmt sich seiner an, behandelt seine Wunden und bringt ihn in eine Herberge, wo man den Verletzten auf Kosten des Samariters weiter pflegen soll. »Was meinst du«, fragte Jesus nach Lukas den zuhörenden Schriftgelehrten, »wer von den dreien hat den Überfallenen als Mitmensch behandelt?« Der Gesetzeslehrer antwortete: »Der ihm geholfen hat natürlich!« Jesus erwiderte: »Dann geh und mach es ebenso!« (Lukasevangelium 10,36f)
Die zeitgenössischen Samariter haben sich diese Aufforderung zu Herzen genommen …

Säufer? *Doch nicht in der Bibel!*

Nun gut, dass bei der biblischen Hochzeit zu Kana (vgl. Johannesevangelium 2,1ff) der Hochzeitsgesellschaft der Wein ausgeht und kein geringerer als der Messias durch sein erstes Wunder für Nachschub sorgen muss, mag auch am Geiz des Bräutigams gelegen haben. Hier gleich von einem Gelage zu sprechen, entbehrt jeder Grundlage. Die Geschichte kann jedoch als Beleg dafür herhalten, dass Christen nicht unbedingt auf Alkohol verzichten müssen: Wäre das der Fall, hätte Jesus den Feiernden im galiläischen Kana wohl kaum so freigiebig aus der Patsche geholfen.
Mit der Bibel in der Hand eine Rechtfertigung für einen zünftigen Rausch zu suchen, funktioniert freilich ebenso wenig. Zwar schätzt es Psalm 104 durchaus, »dass der Wein erfreue des Menschen Herz«, das Alte Testament warnt jedoch fast noch lauter vor seinem Missbrauch. »Der Wein macht zum Großmaul und das Bier sorgt für heißes Blut.

Wer sich ständig betrinkt, wird niemals weise« heißt es beispielsweise im Buch der Sprüche (20,1) überdeutlich.
Leider haben sich allerdings einige namhafte Helden der Bibel selbst nicht an deren Ratschläge gehalten. So war Stammvater Noah offensichtlich nicht nur der erste Winzer der Menschheitsgeschichte, er sprach seinen alkoholhaltigen Produkten augenscheinlich auch so beherzt zu, dass er die Kontrolle über sich verlor: »Er wurde betrunken und lag in seinem Rausch nackt in seinem Zelt.« (1. Buch Mose 9,21).
Noch schlimmer trieb es in mehr als nur beschwipster Weinseligkeit der biblische Lot, ein Neffe Abrahams, der vor allem durch seine in eine Salzsäule verwandelte Frau bekannt wurde. Nach der Flucht aus dem sündigen Sodom findet er sich mit seinen Töchtern einsam in einer unbesiedelten Berggegend wieder. In dieser für sie offensichtlich trostlosen Situation verfallen diese auf einen verwegenen Plan, um den Nachwuchs für die Familie zu sichern. Die Ältere überredet die Jüngere: »Komm, wir geben unserem Vater heute Nacht viel Wein und legen uns dann zu ihm, damit wir von ihm Kinder bekommen!« (1. Buch Mose 19,32)
Der offensichtlich ebenso wie sein Vorvater Noah dem Alkohol zugetane Lot merkt nicht, welches Spiel seine beiden Töchter mit ihm treiben. Volltrunken, aber offenbar nach wie vor im Besitz seiner Manneskräfte, schläft er an zwei aufeinanderfolgenden Nächten mit seinen Töchtern und sorgt so für die ersehnten Nachkommen. Über seine im Inzest gezeugten Söhne Moab und Ammon wird er damit zum Stammvater der Moabiter und Ammoniter.
Und dennoch: Die Bibel hat ein Einsehen mit dem menschlichen Durst. Solange ihre durch diese beiden Beispiele viel-

leicht verunsicherten Leser diesseits der in ihnen geschilderten Auswüchse bleiben, können sie sicher sein, dass von ihnen keine Askese verlangt wird. Wie ihnen das alttestamentliche Buch der Prediger (2,24) versichert, gibt es »für den Menschen nichts Besseres als essen, trinken und genießen, was er sich erarbeitet hat. Doch dieses Glück hängt nicht von ihm selbst ab: Es ist ein Geschenk Gottes.« Wir sollten es nicht zurückweisen …

Eine **Scheidung** *war schon immer gegen Gottes Willen.*

Wer diese Meinung vertritt, hat vermutlich die Aufforderung im Kopf, die Jesus im Matthäusevangelium (19,6) ausspricht: »Was Gott verbunden hat, das darf der Mensch nicht trennen!« In der Bergpredigt ist dieser Grundsatz sogar noch entschlossener verkündet worden: »Es ist euch gesagt: ›Wer seine Frau entlässt, gebe ihr einen Scheidebrief.‹ Ich aber sage euch: Jeder, der seine Frau entlässt, außer wegen Unzucht, der macht sie zur Ehebrecherin, und wer eine Entlassene heiratet, begeht Ehebruch.« (Matthäusevangelium 5,31f) Nimmt man diese beiden Zitate wörtlich, hätte Jesus sich uneingeschränkt gegen eine Scheidung ausgesprochen, wie sie im Judentum seiner Zeit immerhin gang und gäbe war.
Nach jüdischer Rechtsauslegung geht die Möglichkeit zur Trennung einer Ehe zurück auf das 5. Buch Mose. In ihm wird jedem Mann das Recht eingeräumt, seiner Frau, wenn er an ihr etwas nicht näher Definiertes findet, »das ihm zuwider ist« (5. Buch Mose 24,1), einen so genannten ›Scheidebrief‹ auszustellen. Die Zustimmung der Frau zu einer Trennung war zumindest zu biblischen Zeiten nicht

erforderlich, die Ehe galt mit der Ausstellung der Scheidungsurkunde in jedem Fall als aufgelöst.

Es ist deutlich, dass nach dieser Regelung einzig der Mann bei der Scheidung den aktiven Part spielte. Er bestimmte allein über das Schicksal der von ihm abhängigen Frau, die seinem Willen nichts entgegensetzen konnte. Die Frau ihrerseits hatte von einer solchen Scheidung nur einen einzigen Vorteil: Sie wurde wieder frei und konnte in einer neuen, nicht als ehebrecherisch gewerteten Verbindung eventuell neues Glück finden.

Viele Theologen meinen heute, dass Jesus mit seinem Scheidungsverbot gegen die nach jüdischem Scheidungsrecht mögliche männliche Willkür Stellung beziehen wollte. Diese an sich fortschrittliche Absicht barg für die Frauen jedoch auch Nachteile: Zwar konnte ihr Mann sie nicht mehr nach Gutdünken entlassen, andererseits waren die beiden nun förmlich aneinander gekettet.

Es gibt allerdings auch die Ansicht, dass Jesus in diesem Punkt nicht wörtlich zu verstehen ist. Er wollte die Menschen keinesfalls erneut knechten, sondern ihnen in von Gott übertragener Verantwortung vielmehr neue Freiheiten schenken. Der Satz, was Gott verbunden habe, das solle der Mensch nicht trennen, wird vor diesem Hintergrund dann weniger als ein starres Gesetz und mehr als ein dringender Appell verstanden. Folgt man dieser Auslegung, meinte Jesus nicht, dass Mann und Frau sich nicht trennen könnten, sondern er wollte ausdrücken, dass sie sich nicht trennen sollten.

Anscheinend lässt sich die Unauflöslichkeit der Ehe nicht eindeutig aus der Bibel ableiten. Der Streit darüber, wer mit seiner Deutung der Meinung seines Herrn am nächsten kommt, hat damit gute Chancen, sich noch bis zum Jüngsten Gericht hinzuziehen …

Sex *sollte für Juden und Christen nur eine Nebensache sein.*

Aber woher denn! Die Heilige Schrift der Juden und Christen ist keinesfalls so lustfeindlich wie vielfach angenommen und behauptet wird! Und für diese Auffassung gibt es weit mehr Belege als nur eine einschlägige Vorschrift aus dem 5. Buch Mose (24,5): »Wenn ein Mann heiratet, wird er ein Jahr lang vom Kriegsdienst und von allen Arbeitsleistungen für öffentliche Belange befreit. Er soll sich ungestört seiner Frau widmen können.«

Sexualfeindlichkeit lässt sich aus der jüdischen Tradition jedenfalls nicht herleiten. Zwar kennt das Volk Israel überaus viele Gebote für das tägliche Leben: Sie verbieten bestimmte Speisen oder befehlen gar vollständiges Fasten, als eine asketische Religion mit einer negativen Einstellung zu den Bedürfnissen des Körpers kann das Judentum aber trotzdem keinesfalls bezeichnet werden. Der Schöpfungsauftrag Gottes verhindert zumindest in seinen rabbinischen Überlieferungen eine fromme Weltflucht und eine strenge Selbstkasteiung. Auch eine Ablehnung der Sexualität mit einem Ideal der Ehelosigkeit und Enthaltsamkeit dürfte für jüdische Augen unverständlich und absurd wirken. Im alttestamentlichen Buch der Sprüche, sicher nicht grundlos unter die Weisheitsbücher der Bibel eingereiht, findet sich dagegen das Lob einer engen Beziehung zur eigenen Frau, das alles andere als asexuell wirkt, wenn es auch – dem Geist der Zeit entsprechend – nicht unbedingt geschlechtsneutral formuliert ist: »Freu dich der Frau deiner Jugend:

Anmutig wie eine Gazelle ist sie. Ihre Brüste sollen dich immer berauschen, in ihren Armen kannst du dich selbst vergessen!«(Buch der Sprüche 5,18f)
Zuzugeben ist allerdings auch, dass spätestens mit der Apostelgeschichte des Neuen Testaments die Stimmung umschlägt und die Verfechter der Versagung die Oberhand bekommen. Namentlich der Apostel Paulus, der selbst – anders als beispielsweise Petrus – nicht verheiratet ist, tut sich hier mit einer negativen Einstellung zum irdischen Leib und seinen Bedürfnissen hervor. Bei ihm verschwimmt die Grenze zwischen Sexualität und Unzucht bis zur Unkenntlichkeit. Das hindert ihn aber nicht daran, über die Liebe jenseits der Erotik einige der schönsten Zeilen zu formulieren, die je geschrieben wurden: »Die Liebe ist langmütig, die Liebe ist gütig, die Liebe ist nicht eifersüchtig, sie prahlt nicht, sie ist nicht aufgeblasen. Sie handelt nicht taktlos, sie sucht nicht den eigenen Vorteil, sie lässt sich nicht erbittern, sie trägt das Böse nicht nach. Sie freut sich nicht über das Unrecht, freut sich vielmehr mit an der Wahrheit. Alles deckt sie zu, alles glaubt sie, alles hofft sie, alles erträgt sie. Die Liebe hört niemals auf.« (1. Korintherbrief 13,4ff)
Schöner als Paulus kann man über die Liebe wohl wirklich nicht reden. Jedenfalls nicht, solange man bei ihr nicht auch ein ganz klein wenig an Sex denkt …

Die **Sintflut** *hat ihren Namen von der Sünde.*

Es wäre ja auch so schön einfach: Wie es im 1. Buch Mose (6f) geschildert wird, werden die Menschen immer sündiger. Das ärgert den Herrn und er schickt die – ›Sündflut‹.

Unser heutiger Name ›Sintflut‹ ist für sie nur ein altertümlicher Name, wie er der Bibel angemessen ist.
Einleuchtend wäre es gewesen, in der Tat – es stimmt aber leider nicht. Ein Blick in etymologische Wörterbücher enthüllt schnell, dass das Wort ›Sintflut‹ auf das althochdeutsche ›sinfluot‹ zurückgeht, bei dem die Vorsilbe ›sin‹ schlicht ›groß‹ oder ›andauernd, immerwährend‹ bedeutet. Die Sintflut meint also nichts anderes als eine große, lange dauernde Überschwemmung. Der Bezug auf die Sünde entstand erst, als mit der Sprachentwicklung die Vorsilbe ›sin‹ unverständlich zu werden begann.
Andere Völker wie die Engländer oder die Franzosen haben die Chance zur frommen Missdeutung übrigens nie gehabt. Auf Englisch spricht man nüchtern von ›the great flood‹, auf Französisch lautet der Begriff etwas lyrischer ›deluge‹.
Sintflut gleich Sündflut: Nicht immer ist auch richtig, was auf der Hand zu liegen scheint …

Simson *war stark, aber dumm.*

Simson, in manchen Sprachen und Übersetzungen auch Samson genannt, ist der prototypische Kraftmensch der Bibel: Er erwürgt Löwen mit bloßen Händen, reißt Häuser nieder, ist ein Kämpfer ohne Gnade. Gleichzeitig ist er jähzornig und maßlos: Um eine Wettschuld zu bezahlen, metzelt er 30 Männer nieder. Heißt das aber auch, dass er dumm war?
Nicht unbedingt. Sicher, auf den Seiten der Bibel finden sich ohne Zweifel Helden, die wie David in seinem Kampf gegen den Riesen Goliath ihre Siege nicht nur roher Kraft zu verdanken haben und in den Reihen der größten Denker

der Heiligen Schrift dürfte Simson auch nicht unbedingt einen der vorderen Plätze belegen. Immerhin war er aber schlau genug, den Gästen seiner ersten Hochzeit ein Rätsel zu stellen, das sie nicht allein lösen konnten.

In diesem Vorfall, bei dem später die bereits erwähnten 30 Männer ihr Leben verlieren sollten, zeigt sich aber auch schon die Tragik seiner Existenz. Es ist nicht unbedingt seine Dummheit, die ihn zu einem traurigen Helden macht, er scheint vielmehr stets die falschen Frauen zu lieben und auf die falschen Freunde zu setzen. Daraus ergeben sich Konflikte, die sich immer wieder in großen Blutbädern entladen und ihn schließlich in den Abgrund ziehen. Kurz: Seine Lebensgeschichte ist der Stoff, aus dem Paris Opern, Hollywood Monumentalfilme und die Sesamstraße einen tapsigen Zottelbär macht.

Eine Frau ist es, die schließlich Simsons Schicksal wird. Wie das Buch der Richter im Alten Testament schildert (Buch der Richter 16,4ff), verliebt er sich in die Philisterin Delila. Diese Schönheit denkt jedoch weniger an ihn als an ihr Portemonnaie: Für elfhundert Silberstücke verspricht sie den Philistern, das Geheimnis seiner übermenschlichen Stärke auszuspionieren und es anschließend an sie zu verraten.

Simson, augenscheinlich weniger naiv als gedacht, lockt sie zunächst mehrmals auf eine falsche Fährte, schließlich gibt er aber nach und gesteht ihr, seine Kraft liege in seinem ungeschnittenen Haar. Die Folgen dieses Geständnisses sind bekannt und verheerend: Delila lässt ihn zunächst arglos in ihrem Schoß einschlafen und ruft dann einen Philister, der seinen Lockenkopf zu einer Glatze schert. Seine Feinde können den jetzt Kraftlosen nun gefangen nehmen;

sie stechen ihm die Augen aus und werfen ihn in Gaza ins Gefängnis.

Hier hätte die Geschichte mit einem männlich-resignativen ›Oh, wie so trügerisch …‹ zu Ende gehen können, wenn sich nicht überraschenderweise die Philister noch als weit dümmer erwiesen hätten als ihr Gefangener. Sie denken nicht daran, dass mit Simsons nachwachsenden Haaren auch seine Kraft wieder zunimmt. Als sie ihn nach geraumer Zeit einmal aus seinem Kerker holen, um ihren brutalen Spaß mit dem letzthin nur scheinbar gezähmten Riesen zu haben, reißt er das Haus ein, in dem sich die Menschenmenge versammelt hat, die ihn verspotten will. Er selbst kommt bei diesem letzten Kraftakt um, mit ihm sterben aber auch 3.000 Philister.

Israel triumphiert damit einmal mehr über seine Feinde und sein Gott hat bewiesen, dass er auch mit Antihelden seine Ziele erreichen kann …

Jesus verbot seinen Anhängern jeden **Spaß am Leben**.

Zugegeben: Im Neuen Testament ist nirgends von irgendwelchen Ausschweifungen die Rede, an denen Jesus teilgenommen hätte. Bei der Hochzeit zu Kana stiftete er nur den Wein, ohne ihm anscheinend selbst auch gehörig zuzusprechen. Darüber, dass er mit seinen Jüngern etwa unmäßig aß und trank, ist nichts bekannt – was für einen Gottessohn im übrigen auch nicht recht passend gewesen wäre. Und selbst, dass er sich, wie das Johannesevangelium (12,1ff) berichtet, einmal genüsslich mit teurem Öl die müden Füße salben ließ, kann ihm nun wahrlich nicht als Hang zu übermäßigem Luxus ausgelegt werden. Aber lässt sich aus diesem in jeder Beziehung nüchternen Leben nun schon schließen, dass Jesus jemand war, der das Leben wenig genoss und auch anderen solchen Genuss nicht gönnte?

Mit Sicherheit nicht. Der Mensch Jesus war eher einer, der stets mit beiden Beinen im Leben stand und der keine Berührungsängste kannte, gegenüber wem auch immer. Sein Bild in der schon damals offenbar sehr wankelmütigen Öffentlichkeit scheint dementsprechend gewesen zu sein, denn mit ironischer Übertreibung beschreibt Jesus selbst es so: »Der Menschensohn ist gekommen, isst und trinkt, und ihr sagt: Seht ihn euch an, diesen Vielfraß und Säufer, diesen Kumpan der Zolleinnehmer und Sünder!« (Lukasevangelium 7,34)

Um sein eigenes Wohlbehagen sorgte sich der Zimmermannsohn aus Nazareth allerdings am wenigsten, wesentlich wichtiger war ihm das Befinden der Menschen um ihn herum. Er kümmerte sich um den Fischfang seiner Jünger und auch, ob diejenigen die ihm zuhörten, etwas zu essen hatten, war ihm keinesfalls gleichgültig. So sorgte er sich in einem seiner wohl bekanntesten Wunder um das ›Catering‹ seines Publikums. Während seine Jünger ihm rieten: »Es ist schon spät und die Gegend hier ist einsam. Schick doch die Leute weg! Sie sollen in die Dörfer gehen und sich etwas zu essen kaufen!« (Matthäusevangelium 14,15), brachte er es nicht übers Herz, den Menschen zwar geistige Nahrung zu bieten, ihnen die Speise für ihre Körper aber vorzuenthalten: Es kam zur berühmten ›Speisung der Fünftausend‹ oder ›Wunderbaren Brotvermehrung‹, bei der von anfangs fünf Broten und zwei Fischen am Ende mehr als zwölf Körbe an Resten übrig blieben. Für genaue Rechner gewinnt dieses Wunder sogar noch vermutlich an Gewicht, weil die Menge weit größer gewesen sein dürfte als die im Text genannten 5.000: Dem chauvinistischen Zeitgeist entsprechend zählte der Evangelist nur die Männer!

Jesus war kein abgehobener Esoteriker, für den das irdische Dasein eher eine Last als eine Lust darstellte. Er beschenkte die Seinen, und zwar ohne dass sie ihn darum bitten mussten. Diese menschenfreundliche Haltung drückt sich nicht nur in seinen Taten aus, seine Sorge bereits um das irdische und nicht erst um das himmlische Wohl seiner Anhänger zeigt sich auch in seinen Worten. Am deutlichsten wird das in dem Gebet, das viele Millionen von Christen täglich beten und das so etwas wie sein Vermächtnis darstellt: Im ›Vater unser‹ und seiner kaum größer vorstellbaren Nähe zwischen Mensch und Gott hat die Bitte um das tägliche Brot einen zentralen Platz gefunden.

Jesus ist nicht der Spiel- und Spaßverderber, als der er manchem erscheinen mag und als der er von einigen auch gern dargestellt wird. Wer genauer hinsieht, entdeckt in ihm vielmehr den Freund, der sich um seine Gefährten sorgt. Zu den berühmten Seligpreisungen der Bergpredigt gehört deshalb eine, die genau das sehr gut ausdrückt: »Selig, die ihr jetzt hungert, denn ihr werdet satt werden. Selig, die ihr jetzt weint, denn ihr werdet lachen.« (Lukasevangelium 6,21) Es gibt keinen Grund anzunehmen, dass wir uns mit diesen Aussichten noch bis ins nächste Leben vertrösten müssen …

Sprechende Tiere *gibt es nur im Märchen und nicht in der Bibel.*

Einen echten Dr. Doolittle, also jenen Mediziner, der sich mit allem, was da kreucht und fleucht unterhalten kann, gibt es in der Tat weder im Alten noch im Neuen Testament. Selbst der Urvater Noah dürfte auf seiner Arche eher auf das Schweigen der Lämmer gestoßen sein als auf tierische Beredsamkeit. Dennoch findet sich in der Bibel eine Geschichte, die im wahrsten Sinne des Wortes ›aufhorchen‹ lässt.

Ihr etwas fragwürdiger Held ist ein gewisser Bileam, der sich in der Zeit des mosaischen Zuges durch die Wüste seinen Lebensunterhalt quasi als ambulanter Politikberater diverser Herrscher verdient. Einer seiner Klienten ist König Balak von Moab, durch dessen Land die Israeliten ziehen wollen. Balak ist von dieser Idee wenig begeistert, denn er fürchtet eine ökologische und ökonomische Katastrophe: »Jetzt wird dieser Haufen alles rings um uns abgrasen, wie das Vieh alles Grün auf den Feldern abfrisst.« (vgl 4. Buch Mose 22,4ff)

Um dieses Unglück abzuwenden, soll Bileam gegen gutes Honorar die Israeliten verfluchen. Bevor dieser das Angebot aber annehmen kann, erscheint ihm in der Nacht deren Gott Jahwe und weist ihn an: »Du darfst das Volk nicht verfluchen, denn es ist gesegnet!« Bileam gehorcht, aber nach nochmaligen Drängen Balaks – und vermutlich einer kleinen Honorarerhöhung – gibt er doch nach. Er macht sich auf den Weg und reitet auf dem Rücken seiner Eselin los.

Der himmlische Herr zeigt er sich über diese Unbotmäßigkeit Bileams verstimmt. Er schickt einen seiner Engel mit einem Schwert in der Hand aus, der sich den beiden in den Weg stellt. Der Erfolg lässt allerdings zu wünschen übrig: Bileam bemerkt den Boten aus dem Jenseits gar nicht. Nur seine Eselin nimmt den Engel wahr und biegt in ein Feld ab, wofür Bileam sie prompt mit Schlägen bestraft. In einem Hohlweg folgt ein zweiter Versuch: Die Eselin drängt sich dieses Mal gegen die Böschung und quetscht Bileams Fuß ein. Wieder setzt es Hiebe. Nachdem die Eselin sich bei der dritten Wegblockade schließlich sogar niederlegt, greift Bileam endgültig zum Stock.

Erst jetzt beginnt die Eselin, offensichtlich ein überaus geduldiges Tier, sich zu beklagen: »Was habe ich dir getan, dass du mich nun schon dreimal geschlagen hast?« Ihr Herr zeigt sich darüber nicht im Mindesten verwundert. Ohne über das sprechende Tier überrascht zu sein, antwortet er cholerisch: »Weil du deinen Mutwillen mit mir getrieben hast! Hätte ich doch nur ein Schwert zur Hand, ich hätte dich jetzt umgebracht!« Die Eselin lässt es sich durch diesen Wutausbruch nicht erschüttern: Sie weist auf die Verdienste hin, die sie sich als treues Reit- und Lasttier um ihren Herrn Bileam erworben hat, und er muss ihr kleinlaut Recht geben.

Nun endlich mischt sich auch der Engel ein. Er gibt sich Bileam zu erkennen und fährt ihn unwirsch an: »Wäre die Eselin nicht vor mir ausgebogen, dann hätte ich dich umgebracht, sie aber am Leben gelassen!« Unmissverständlich erklärt er seinem Gegenüber jetzt nochmals den göttlichen Willen. Und der ist eindeutig: Bileam darf zwar ungehindert nach Moab reiten; anders als von Balak gewünscht, darf er dort jedoch nicht die Israeliten verfluchen. Auf göttliches Geheiß muss er sie stattdessen segnen.

Auch Esel können also zum Werkzeug des göttlichen Willens werden. Und manchmal sind sie dabei sogar klüger als ihre Herren …

Zum **Stammbaum Jesu** *gehören nur Könige und Propheten.*

Wenn wir der Bibel glauben wollen, wissen wir sehr genau über die Abstammung Jesu Bescheid: Im dritten Kapitel des Lukasevangeliums wird sein Stammbaum bis auf Adam zurückgeführt. Zusätzlich listet auch Matthäus im ersten Kapitel seines Evangeliums die Vorfahren Jesu auf, doch beginnt er seine Liste erst mit dem biblischen Stammvater Abraham.
Wie so oft in der Bibel halbiert allerdings auch dieses Mal eine zweifache Darstellung eher die Klarheit als sie zu verdoppeln. Nicht nur, dass beide Evangelisten für die Spanne zwischen Abraham und Josef eine unterschiedliche Anzahl von Ahnen angeben, unklar bleibt auch, ob sie eigentlich die Abstammungslinie Josefs oder Marias verfolgt haben.
Aber lassen wir derartige Kleinigkeiten einmal beiseite: Jesus – ein Nachfahre nur von Königen und Propheten, ein Sohn der politischen und religiösen Elite seines Volkes? Mitnichten! Zwar finden sich bei Matthäus wie bei Lukas übereinstimmend unter Jesu Vorfahren Größen wie Abraham, unbestritten einer der sogenannten ›Erzväter‹ Israels, oder königliche Hoheiten wie David und Salomo, doch das ist nur die eine Seite. Lukas nennt in seinem Stammbaum ebenso Adam, und der war nun zwar der erste, ansonsten vermutlich aber ein völlig durchschnittlicher Mensch. Außerdem – das zeigt nicht zuletzt seine Vertreibung aus dem

Paradies – kann er nicht gerade als ein sittliches Vorbild von hohen Graden gelten.
Auch auf weiblicher Seite regiert im übrigen nicht nur menschliche Vollkommenheit. Da ist beispielsweise Bathseba, die zwar offensichtlich sehr schön war, ansonsten aber gemeinsam mit ihrem späteren Mann David ihre Ehe brach. Und da ist eine Frau wie Rahab, die zwar großen Anteil an der Eroberung Jerichos hatte, die ihr Geld aber zuvor als ischah sonah verdient hatte, im Hebräischen die Bezeichnung für eine Hure, etwas feiner formuliert: für eine Prostituierte.
In der menschlichen Linie seines Stammbaums entspross Jesus also durchaus der Mitte seines Volkes; bei seinen Ahnen finden sich gute wie schlechte Charaktereigenschaften. Wer will, kann das als nicht ganz unwesentlichen Beleg der alten Volksmeinung sehen, dass Gott selbst auf krummen Linien sehr wohl gerade zu schreiben weiß …

Die biblischen **Stammväter** *waren alle tugendhafte Ehrenmänner.*

Die Bibel: das gewissermaßen göttliche Verzeichnis aller sittlich-religiösen Größen der Weltgeschichte? Mitnichten! Unter ihren Größen finden sich Mörder, Räuber und Betrüger, Väter mit inzestuösen Beziehungen zu ihren Töchtern sowie notorische Frauenhelden und Ehebrecher. Schlichter Alkoholismus kann vor diesem Hintergrund gewiss noch als eines der kleineren Laster angesehen werden, die sich die Helden des Alten Testaments nachsagen lassen müssen.
Beispiele gefällig? Kain erschlug seinen Bruder, Moses tötete im Jähzorn einen Ägypter. König David verführte die

schöne Bathseba und schickte in der Folge ihren Mann, seinen treuen Soldaten Urija, in den sicheren Tod auf dem Schlachtfeld, um endlich freie Bahn, respektive freies Bett zu haben. König Salomo brachte es auf einen kaum vorstellbaren Harem von 1.000 Frauen und war dazu noch habgierig und prunksüchtig. Lot schlief mit seinen Töchtern. Juda, einer der zwölf Söhne Jakobs, verkehrte mit seiner Schwiegertochter Tamar, weil er sie für eine Prostituierte hielt. Noah trank bis zur Bewusstlosigkeit.
Angesichts dieser stark verkürzten Liste dürfte es eines der größten Wunder der Bibel sein, dass Gott mit solchem Personal überhaupt seine Heilsgeschichte schreiben konnte …

T

Mit dem **täglichen Leben** *hat die Bibel nicht viel zu tun.*

Ob es sich bei diesem Satz um einen Irrtum und eine krasse Fehleinschätzung der Bibel handelt, ist zugegebenermaßen Einschätzungssache. Natürlich lässt sich das berühmte ›Buch der Bücher‹ als eine unverbindliche Mischung aus Mythen und Märchen lesen, als eine dazu auch noch historisch höchst unzuverlässige Sammlung zweifelhafter Geschichten aus der Geschichte. In der Tat: Man kann die Bibel so lesen. Man muss es aber nicht.

Sicher nicht ohne Grund ist die Bibel das immer noch am meisten gedruckte und am meisten verbreitete Buch der Welt. Da sich auf ihren Seiten aber zugegebenermaßen auch viele langatmige und nichtssagende Teile finden, da sie von Wiederholungen und Widersprüchen keineswegs frei ist und von einem durchgängigen Stil ihrer Teile beim besten Willen keine Rede sein kann, muss das Geheimnis ihres globalen Erfolges anderswo liegen als in den Kriterien für einen ganz normalen Bestseller.

Der will die Bibel jedoch auch gar nicht sein. Für Juden wie Christen ist sie vielmehr ein Zeugnis der Existenz, des Wirkens und des Willens ihres Gottes.

Zwar sind bei den meisten ihrer Leser heute die Zeiten vorbei, in denen sie den Text als Wort für Wort von Gott diktiert betrachteten, als von Gott inspiriert sehen sie sie aber sehr wohl an und zumindest die Überzeugten von ihnen

betrachten sie deshalb auch als eine Richtschnur für ihr Leben.
Dies galt und gilt ohne Einschränkung, denn die Themen, die in der Bibel angeschnitten werden, betreffen den Menschen der Industrie- und Informationsgesellschaft ebenso wie den Viehzüchter und Nomaden des alten Israels. Im Alten wie im Neuen Testament geht es um die zentralen Fragen der menschlichen Existenz, es geht um Liebe und Hass, um Leben und Sterben, um Krieg und Frieden, um Gerechtigkeit. Vor allem aber öffnet die Heilige Schrift der Juden und Christen den Blick auf die Beziehung zwischen Gott und Mensch, sie sensibilisiert für die Erkenntnis von Gottes Willen.
Insofern hat sie auch mit dem Alltag ihrer Leser zu tun. Wer sie richtig versteht, kommt nicht umhin, aus seiner Lektüre für sein Leben entsprechende Konsequenzen zu ziehen …

Ihr **Tempel** *war für die Juden so etwas wie für die Katholiken der Petersdom.*

Wenn man sich auf die Feststellung beschränkt, dass der Tempel in Jerusalem ebenso wie San Pietro in Rom für die Anhänger der jeweiligen Religion ein Zentrum ihres Glaubens ist, stimmt diese Behauptung. Beide sind oder waren wichtige Versammlungsorte für die Gläubigen, Orte kultischer Handlungen, des Opfers und des Gebets. Damit hat es sich aber auch schon mit den Gemeinsamkeiten.
Während der vatikanische Petersdom mit Sicherheit ein architektonisches Juwel und ein beeindruckendes Kulturgut ersten Ranges darstellt, gibt es für Katholiken darüber hinaus keinen Grund, sich in seinem gewaltigen Kirchen-

schiff Gott näher zu fühlen als in einer kleinen Kapelle in Oberbayern oder einer Dorfkirche irgendwo hinter den Deichen des Emslandes. Gott können sie hier wie dort begegnen, in Sankt Peter stehen allenfalls die Chancen für ein Zusammentreffen mit seinem irdischen Stellvertreter besser.

Beim jüdischen Tempel in Jerusalem liegen die Dinge anders. In den Vorstellungen der Juden wohnte Gott wirklich im Tempel; er war tatsächlich sein Haus unter den Menschen. So verspricht sein Herr dem König Salomo, dem Erbauer des ersten steinernen Tempels seines Volkes, sein Bleiben mit eindeutigen Worten: »Ich habe dein Gebet und Flehen erhört und dieses Haus geheiligt, das du gebaut hast. Ich will meinen Namen dort auf ewig wohnen lassen, und meine Augen und mein Herz sollen da sein allezeit.« (1. Buch der Könige 9,3)

Im Allerheiligsten des Tempels, das nur der Hohepriester betreten durfte, stand zudem die prächtige Bundeslade, in der die Tafeln mit den Zehn Geboten aufbewahrt wurden.

Hier zeigt sich auch noch ein zweiter Unterschied zwischen Dom und Tempel. Gegenüber Mose und seinem durch die Wüste pilgernden Volk gibt sich deren Herr beim Bau des ersten Zeltheiligtums, eines Vorläufers des späteren Tempels in Jerusalem, konkret wie der Bauherr einer Vorstadtvilla: »Sie sollen mir ein Heiligtum machen, damit ich unter ihnen wohne. Genau nach dem Bild, das ich dir von der Wohnung und ihrem ganzen Gerät zeige, sollt ihr's machen.« (2. Buch Mose, 25,8f) Es folgen lange Absätze mit genauen Größen- und Mengenangaben sowie Forderungen zu Art und Qualität der Baustoffe.

Davon, dass Gott in den Bau des Petersdoms ähnlich detailliert eingegriffen hätte, ist dagegen nichts bekannt …

Mit dem **Teufel** *wollte Gott nach dem Höllensturz nichts mehr zu tun haben.*

Sollte man zumindest denken, denn die Aussagen über die zu Gegenspielern Gottes gewordenen ehemaligen Engel sind im Neuen Testament klar und deutlich. So versichert Jesus seinen Jüngern: »Ich sah den Satan wie einen Blitz vom Himmel fallen« (Lukasevangelium 10,18) und Petrus führt den christlichen Gemeinden in Kleinasien in seinem zweiten Brief, der oft auch als eine Art Testament des Apostels betrachtet wird, die Strenge des Herrn an einem schlagenden Beispiel vor Augen: »Gott hat ja auch die Engel, die sich gegen ihn vergangen hatten, nicht geschont, sondern sie in den tiefsten Abgrund geworfen. Dort liegen sie gefesselt in der Finsternis und warten auf den Tag des Gerichts.« (2. Petrusbrief 2,4)
Überraschenderweise sieht die Lage im Alten Testament aber anders aus. Dort ist von einem Höllensturz noch keine Rede, dort kann hinter der falschen Schlange im Paradies die Boshaftigkeit des Teufels höchstens vermutet werden und zu allem Überfluss scheint der Satan sogar im Himmel aus und ein zu gehen.
Eine rätselhaft wirkende Szene, die im Buch Hiob geschildert wird, belegt dies. Sie erinnert eher an eine freundliche Plauderei unter Kollegen, an einen unverbindlichen Zeitvertreib in einer Arbeitspause, als an eine unversöhnliche Konfrontation zwischen dem himmlischen Herrn und seinem Erzfeind: »Eines Tages kamen die Gottessöhne zur

himmlischen Ratsversammlung und jeder stellte sich an seinen Platz vor dem Herrn. Unter ihnen war auch der Satan. Der Herr fragte ihn: ›Was hast denn du gemacht?‹ ›Ich habe die Erde durchstreift‹, antwortete der Satan. Der Herr fragte weiter: ›Hast du dabei auch meinen Diener Hiob gesehen? Jemanden wie ihn gibt es nicht noch einmal auf der Erde. Er ist ein Vorbild an Rechtschaffenheit, nimmt Gott ernst und hält sich von allem Bösen fern.‹ Der Satan entgegnete: ›Aber würde er dir auch gehorchen, wenn es sich für ihn nicht lohnte? Du hast ihn und seine Familie vor jedem Schaden bewahrt. Du lässt alles gelingen, was er unternimmt, und sein Vieh füllt das ganze Land. Taste doch einmal seinen Besitz an! Wetten, dass er dich dann öffentlich verflucht?‹ Da antwortete der Herr: ›Gut! Alles, was er besitzt, gebe ich in deine Gewalt. Aber ihn selbst darfst du nicht antasten!‹ Danach verließ der Satan die Ratsversammlung.« (Hiob 1,6ff)

Was an dieser Geschichte überrascht, ist zum einen, dass Gott sich überhaupt zu etwas so Menschlichem wie einer Wette provozieren lässt – und dann auch noch vom Teufel. Der erscheint hier allerdings nicht als der Höllenfürst, sondern er wirkt eher – und ähnlich wie in Goethes »Faust« – wie ein skeptischer Intellektueller, der nicht unbedingt an das Gute im Menschen glaubt.

Eine Erklärung findet dieses verstörende Schauspiel auf himmlischer Bühne vor allem darin, dass der Teufel seine Rolle als die des personifizierten Bösen erst relativ spät geschrieben bekam. Im Alten Testament gehört der Satan zunächst einmal zu den Engeln. Sein Amt ist es, als eine Art ›Sonderermittler im höchsten Auftrag‹ die Menschen auf die Probe zu stellen und ihr sittliches Soll und Haben sicht-

bar zu machen. Mit diesem Amt hatte er natürlich Zugang zu Gott, war ihm aber eindeutig unterstellt und verfügte über keine eigene Macht.
Die teuflische Rebellion gegen Gott samt Höllensturz und Verbannung in die Unterwelt findet sich erst im Neuen Testament. Hier erst macht der Teufel auch seine diabolische Karriere, die ein Zusammenwirken mit Gott nicht mehr zulässt. Sie gipfelt im Endkampf der Offenbarung des Johannes, wo der Satan in eindrucksvoller Gestalt auftritt: »ein Drache, groß und feuerrot, mit sieben Köpfen und zehn Hörnern und mit sieben Diademen auf seinen Köpfen«. (Offenbarung 12,3) Auch wenn er mit aller Gewalt kämpft und einmal mit seinem Schwanz ein Drittel aller Sterne auf die Erde schleudert, am Ende besiegen ihn die Himmlischen Heerscharen doch und führen ihn seiner verdienten Strafe zu: Sie werfen ihn in einen »See von brennendem Schwefel«, wo er »in alle Ewigkeit Tag und Nacht gequält« werden wird. (Offenbarung 20,10)
Mit diesem zweiten Höllensturz wird schließlich für das in vielen biblischen Geschichten hart geprüfte und sicher alles andere als fehlerfreie Gottesvolk das endgültige Happy End erreicht sein, das nun wirklich durch nichts mehr zu übertreffen sein dürfte …

U

Die **Urchristen** *waren immer vorbildlich.*

Nicht nur Halbheiden und Kleingläubige brauchen Vorbilder. Und wer könnte sich – neben Jesus selbst natürlich – dafür besser eignen als jene Gruppe von Gutmenschen, die offensichtlich das Bild der Gemeinden des frühen Christentums prägten. Der Evangelist Lukas zeichnet von ihnen ein leuchtendes Bild: »All die vielen Menschen, die zum Glauben an Jesus gefunden hatten, waren ein Herz und eine Seele. Niemand von ihnen betrachtete etwas von seinem Besitz als persönliches Eigentum. Alles, was sie besaßen, gehörte ihnen gemeinsam.« (Apostelgeschichte 4,32)

Allerdings vermutet der Volksmund, dass dort, wo das Licht in einer so blendenden Helligkeit scheint, auch mancher Schatten zu finden ist. Einen davon warf offensichtlich ein gewisser Ananias, der zugunsten seiner Mitchristen zwar ein Grundstück verkauft, vom Erlös aber einen Teil selbst behalten hatte. Petrus, dem das nicht verborgen geblieben war, stellte ihn deswegen streng zur Rede: »Warum hast du den Satan in dein Herz gelassen? Warum belügst du den Heiligen Geist und behältst einen Teil vom Erlös deines Feldes für dich? Du hättest doch das Land behalten können und nach einem Verkauf sogar das Geld. Aber warum hast du dich auf dieses falsche Spiel eingelassen? Du hast nicht Menschen belogen, sondern Gott!« (Apostelgeschichte 5,3f)

Der Apostel war allem Anschein nach mehr als nur über-

zeugend, denn, wie Lukas schreibt, »als Ananias diese Worte hörte, brach er zusammen und starb«.
Und damit nicht genug: Nach etwa drei Stunden tauchte Saphira auf, die Frau des Ananias. Zusammen mit ihrem Mann besaß sie allem Anschein nach einiges an krimineller Energie, denn auf die Frage des Petrus nach dem Verkaufspreis antwortete sie genauso verlogen wie ihr Mann. Die Strafpredigt des Petrus fiel dementsprechend aus: »Warum habt ihr euch verabredet, den Geist des Herrn herauszufordern? Ich sage dir: Vor der Tür stehen schon die Leute, die deinen Mann begraben haben. Sie werden auch dich hinaustragen!« (Apostelgeschichte 5,9) Er sollte Recht behalten: Auch sie wurde dahingerafft und leistete ihrem Mann nun auf dem Friedhof Gesellschaft.
Was ist aus dieser Geschichte zu lernen? Zum einen sicher, dass auch ein gütiger Gott mit sich nicht spaßen lässt, zum anderen aber auch, dass die Urchristen vor allem eines waren: Menschen wie du und ich …

W

Jesus wurde zu **Weihnachten** *im Jahr Null geboren.*

Einmal ganz abgesehen davon, dass es vor der menschlichen Geburt Jesu ein Fest wie Weihnachten ja gar nicht gegeben haben kann und dass seit den Geschehnissen auf dem Feld vor Bethlehem einige weitgehende Kalenderreformen ins Land gegangen sind: An dem Bild von der weihnachtlichen Krippe genau zur Zeitenwende ist so gut wie alles fragwürdig.

Zunächst einmal wird im Neuen Testament kein exaktes Geburtsdatum genannt und daraus lässt sich bereits einiges ableiten. Denn man darf getrost davon ausgehen, dass ein solcher Termin nicht geheimgehalten worden wäre, wenn denn überhaupt ein konkretes Datum festgestanden hätte: Schon die Urchristen dürften schließlich ein lebhaftes Interesse daran gehabt haben, den Tag der Geburt ihres Herrn gebührend zu feiern, auch wenn das Feiern des Geburtstages im heutigen Sinn damals eher unüblich war.

Dass die meisten Christen heute den 25. Dezember als Tag der irdischen Geburt Jesu feiern, ist eher ein Akt politischer Taktik und missionarischen Kalküls als das Ergebnis historischer Recherche. Feierlichkeiten zur Geburt Jesu kamen erst gegen Ende des vierten Jahrhunderts in Rom auf, als die erstarkende Kirche mit diesem Fest ein bewusstes Gegengewicht gegen die heidnischen Feiern zur Wintersonnenwende und die Festivitäten zu Ehren der ›unbesiegten

Sonne‹ setzte. Symbolisch ließ sich hier leicht ein Anschluss finden, denn mit Jesus war schließlich das wahre Licht der Welt auf die Erde gekommen.
Nicht nur die ungläubigen Römer konnten so ihr traditionelles Fest beibehalten, auch bei der Mission im Norden Europas kam es sicherlich nicht ungelegen, dass die Menschen dort auf ihre Julfeiern nicht zu verzichten brauchten.
Und ob nun Jesus wirklich genau im Jahr Null auf die Welt kam? Auch hier gibt es Grund zur Skepsis, denn dieser Termin ist zumindest zweifelhaft. Zwar machen die Evangelisten Lukas und Matthäus hier die klare Angabe, dass Jesus während der Herrschaft des Königs Herodes geboren wurde, diese Genauigkeit ist aber nicht ganz unproblematisch, endete die Herrschaft Herodes des Großen doch schon im Jahr Vier vor unserer Zeitrechnung. Vertrauen wir unseren beiden biblischen Gewährsleuten, zwingt uns das, die Geburt Jesu um ein paar Jahre vorzuverlegen.
Die Christenheit könnte mit dieser minimalen Verschiebung zwar sicher ganz gut leben, leider gibt uns Lukas aber noch eine zweite Zeitangabe. Und die bringt das gerade frisch renovierte Gebäude gleich wieder ins Wanken. Mit der berühmten Volkszählung, die Josef und Maria zu ihrem Zug nach Bethlehem zwang, liefert er nämlich einen zweiten Fixpunkt, der unglücklicherweise dem ersten widerspricht: Das Volk Israels wurde nach heutigem Wissen erst im Jahr Sechs nach unserer Zeitenwende gezählt.
Doch ob Jesu Geburt nun ein paar Jahre früher oder später stattfand und ob der Tag der Geburt nun wirklich der 25. Dezember gewesen sein muss, dürfte für gläubige Christen ohnehin keine wesentliche Rolle spielen. Für sie

ist die Menschwerdung an sich wichtig, nicht das genaue Datum …

Aus der Bibel erfährt man alles über das **Weltende**.

Mit dieser Annahme lagen schon die ersten Christen falsch. Viele von ihnen meinten aus den Worten Jesu heraushören zu können, das Ende der Welt sei nahe und sie würden es noch erleben. Beispielsweise ging Paulus anscheinend fest davon aus, dass die Wiederkunft des Erlösers unmittelbar bevorstünde, als er an die Gemeinde im griechischen Korinth schrieb: »Ich sage euch jetzt ein Geheimnis: Wir werden nicht alle sterben, wir werden aber alle verwandelt werden.« (1. Korintherbrief 15,51) Er sollte sich irren.
Ebenso auf den biblischen Holzweg haben die vielen Versuche geführt, das Weltende aus den versteckten oder offensichtlichen Zahlenangaben des Alten Testaments herauszulesen. So berechnete beispielsweise der aus Esslingen stammende Pfarrer – und später als Erfinder der Logarithmentafel berühmt gewordene Mathematiker – Michael Stifel den Weltuntergang für den 19. Oktober 1533 genau um acht Uhr voraus: Als seine Prophezeiung nicht eintraf, musste er vor dem Zorn derjenigen gerettet werden, die sich im Vertrauen auf seine Berechnungen um Haus und Hof getrunken hatten.
Vielleicht hätte Stifel ebenso wie die unzähligen falschen Propheten und Sektenprediger, die ihm nachfolgten, sich doch eher an den Texten der Bibel als an deren Zahlenmystik orientieren sollen. Jesus höchstpersönlich zerschlägt dort nämlich allen Rechenkünstlern unmissverständlich ihre Hoffnungen: »Den Tag oder die Stunde, wann das Ende

da ist, kennt niemand, auch nicht die Engel im Himmel – nicht einmal der Sohn. Nur der Vater kennt sie.« (Markusevangelium 13,32)

Wenn wir der Bibel aber schon nicht entnehmen können, wann denn das Ende der Welt kommt, sagt sie uns dann wenigstens, wie es aussehen wird? Auch hier dürfte es eine Enttäuschung geben.

Zwar beschäftigt sich ein ganzes Buch des Neuen Testaments, die auch als ›Apokalypse‹ bekannte Offenbarung des Johannes, mit dem Ende des Universums und der ihm nachfolgenden himmlischen Herrlichkeit, als verlässliche Darstellung kommender Entwicklungen ist diese prophetische Erzählung jedoch ebenso wenig brauchbar wie es die Schöpfungsgeschichte für die ersten Tage unserer Welt war. Die Schilderung der endgültigen Kämpfe des Guten gegen das Böse erhebt allerdings auch gar nicht den Anspruch einer wissenschaftlichen Vorhersage, ihre Schilderungen stecken vielmehr voller Allegorien und Symbole, die nicht nur für die weit überwiegende Mehrheit der heutigen Leser unverständlich sind. Sie dürften auch den Gemeinden des frühen Christentums wie des Mittelalters höchstens als schwer verständliche Verheißung kommender Herrlichkeit und Gerechtigkeit erschienen sein.

Sie hatte ihre Funktion vor allem darin, dass sie ihren Adressaten, den jeden Tag vom Tod bedrohten Christen des römischen Reiches, Trost und Ermutigung bot. In einer Zeit, in der die blutigen Verfolgungen durch geisteskranke und in ihrer behaupteten Gottgleichheit dem Größenwahn verfallene Kaiser auf die Anhänger des neuen Glaubens verheerend gewirkt haben müssen, versprachen sie, dass am Ende aller Zeiten doch notwendigerweise Gott siegen werde.

Wann das aber sein wird, bleibt für die Leser der Offenbarung wie für alle anderen im Unklaren. Für sie gilt, was Jesus seinen Jüngern einschärfte: »Seht zu, dass ihr wach bleibt!« (Markusevangelium 13,33)

Wunder *hat nur Jesus gewirkt.*

Irgendwie ungerecht wäre es ja schon gewesen: Die Zeitgenossen Jesu wären Zeugen von Wundern geworden, während alle Nachgeborenen leer ausgegangen wären. Sie hätten dabei einiges versäumt, denn das Neue Testament berichtet immerhin von 30 bis 40 Wundern, die Jesus in den kurzen Jahren seines öffentlichen Auftretens bewirkt haben soll: von der trinkerfreundlichen Verwandlung von Wasser zu Wein auf der Hochzeit zu Kana über Wetterveränderungen, Vermehrungen von Lebensmitteln und Krankenheilungen bis zur Auferweckung von Toten.
Zwar gibt es schon im Alten Testament Berichte von mit menschlicher Vernunft und Erfahrung nicht erklärbaren Ereignissen – schon allein die Erschaffung der Welt ist ja ein solches – doch gelten sie allgemein als Großtaten Gottes, der sich mit ihnen als Herr über die Natur, ihre Gesetze und die menschliche Geschichte erweist. Im Neuen Testament steht dagegen die konkrete Person Jesu im Vordergrund, dessen Wirken von außergewöhnlichen Heilstaten begleitet und überhöht wird.
Dass es nach seinem Tod und seiner Auferstehung mit den Wundertaten vorbei sein würde, wird in der Bibel allerdings an keiner Stelle behauptet, ganz im Gegenteil. Als der auferstandene Jesus seine Jünger in die Welt hinaus sandte, gab er ihnen als Versprechen die Zusage mit, dass

diejenigen, die durch sie zum Glauben kämen, Außergewöhnliches leisten würden: »Die Glaubenden werden an folgenden Zeichen zu erkennen sein: In meinem Namen werden sie böse Geister austreiben und in unbekannten Sprachen reden. Wenn sie Schlangen anfassen oder Gift trinken, wird ihnen das nicht schaden, und Kranke, denen sie die Hände auflegen, werden gesund werden.« (Markusevangelium 16,17f)

Entsprechend dieser Zusicherung hat es nach dem Glauben vieler Christen mit den Wundern – und dem Wundern darüber – bis heute kein Ende. Ob das, was in Wallfahrtsorten weltweit an rational Unerklärbarem immer wieder geschieht, allerdings wirklich auf das direkte Einwirken Gottes zurückgeht, sei hier einmal dahingestellt. Doch so, wie dadurch verzweifelte Menschen häufig neue Hoffnung erfahren, dürfte das allein manchmal schon ein Wunder sein …

Z

Zebaoth *ist nur ein anderer Name für Gott.*

Fast richtig. Nur, dass das hebräische Wort ›Zebaoth‹ bzw. seine latinisierte Form ›Sabaoth‹ nicht etwa ›Gott‹ bedeutet, sondern ›Heere‹ oder ›Heerscharen‹. In der Bibel erscheint es deshalb meist in Verbindung mit den Worten ›Herr‹ oder ›Gott‹ und dient als beschreibender Ehrentitel.

Wie er ins Deutsche zu übertragen ist, darüber sind sich die verschiedenen Bibelübersetzungen allerdings nicht einig. Der Vers 9 des 89. Psalms heißt beispielsweise in der Übersetzung Martin Luthers von 1984 »HERR, Gott Zebaoth, wer ist wie du? Mächtig bist du, HERR, und deine Treue ist um dich her.« In der ökumenischen Einheitsübersetzung liest man »Herr, Gott der Heerscharen, wer ist wie du? Mächtig bist du, Herr, und von Treue umgeben.« und die Gute-Nachricht-Bibel formuliert schließlich in zeitgenössischem Deutsch »Gott, du Herrscher der ganzen Welt, wer ist so mächtig wie du, wer ist so durch und durch treu?« Möge das Sprachgefühl der Leser entscheiden …

An den **Zehn Geboten** *gibt es nichts zu deuteln.*

Theoretisch könnte es in der Tat gar keinen Zweifel daran geben, was Gott wirklich will. Schließlich hat er am Berg Sinai seinem Diener Mose den Text seiner grundlegenden Gesetze ja nicht nur beiläufig ins Ohr geflüstert. Da er die

Menschen und ihre Verfehlungen seit den Tagen des Paradieses kannte, wollte er sich offensichtlich nicht allein auf das gesprochene oder vielleicht sogar diktierte Wort verlassen. Deshalb übergab er Mose den Gesetzestext lieber gleich auf zwei massiven Steinplatten, die er »mit seinem Finger« beschrieben hatte, wie es Martin Luther übersetzt. (2. Buch Mose 31,18)

Leider hat diese Vorsichtsmaßnahme allerdings doch nicht ausgereicht, um eine lückenlose Linie von den Tagen der Wüstenwanderung bis heute ziehen zu können. Schon im Alten Testament finden sich die Zehn Gebote und damit immerhin das Gesetzeswerk, das bei Juden wie Christen gleichermaßen höchste Bedeutung besitzt, an zwei Orten und in zwei unterschiedlichen Textfassungen. Zwar ähneln sie sich stark, in der Begründung für den wöchentlichen Ruhetag zeigen sich beispielsweise aber doch Unterschiede: Im 2. Buch Mose sollen die Menschen zum Gedenken an Gottes Ruhe nach der Schöpfung eine Pause einlegen (2. Buch Mose 20,2) während sie nach der Fassung des 5. Buches Mose beim Ausruhen an den Auszug aus der ägyptischen Knechtschaft denken sollen. (5. Buch Mose 14f)

Da der steinerne Urtext ebenso wie die prachtvolle Bundeslade, in der er aufbewahrt wurde, bei einer Eroberung Jerusalems durch die Babylonier zudem schon im sechsten Jahrhundert vor Christus verloren ging, wurde die Sache mit dem Lauf der folgenden Jahre und Jahrtausende nicht eindeutiger. Nicht nur, dass sich auch hier wieder die Übersetzungen unterscheiden – so heißt es bei Luther kompromisslos »Du sollst nicht töten!«, während die Einheitsübersetzung sich mit dem Gebot »Du sollst nicht morden!«

zurückhaltender gibt (2. Buch Mose 20,13) – auch in der Zählung der göttlichen Gebote haben sich die Christen nicht einigen können. Zwar sind Juden wie Christen glücklicherweise insgesamt der Zahl zehn treu geblieben, bei der Gliederung hört dieser Einklang jedoch sofort auf: Juden zählen anders als Christen, bei den Christen unterteilen Katholiken anders als die meisten Protestanten, wobei sich alle zusammen dann wiederum von den Orthodoxen unterscheiden.

All das sind genau genommen jedoch Kleinigkeiten. Inhaltlich sind sich die Juden wie die Christen aller Glaubensrichtungen trotz eher formaler Unterschiede immer noch einig: Die Zehn Gebote, die in einer vom Griechischen nach den beiden Worten ›deka‹ (zehn) und ›logos‹ (Wort) abgeleiteten Form auch ›Dekalog‹ genannt werden, bilden die unverzichtbare Grundlage eines gottgefälligen Lebens.

Interessant ist dabei nicht zuletzt die Ausrichtung des Gesetzeswerks: Nur die ersten drei Gebote behandeln das Verhältnis zwischen den Menschen und ihrem Gott, die übrigen sind eher als höchstinstanzliche Anweisungen für ein soziales Zusammenleben der Menschen untereinander zu verstehen.

Gott wird schon gewusst haben, warum er diesen Schwerpunkt für notwendig hielt. Und daran gibt es dann wieder überhaupt nichts zu deuteln …

Zinsen *werden von der Bibel nicht verboten.*

Wären Zinsen wirklich verboten und wären die Banker und Manager der großen Industriestaaten sämtlich gottesfürchtige Leute, dann hätte doch unser gesamtes Wirtschaftssystem eigentlich schon längst mit einem gewaltigen Knall in sich zusammengefallen sein müssen. Oder?

Ganz so einfach ist es nicht. Nähme man die Bibel zur Richtschnur des Handelns auf den Märkten und in den Börsen, wäre es in der Tat schnell vorbei mit den meisten Geldgeschäften. Schon in den Mosaischen Gesetzen heißt es unmissverständlich »Wenn du einem Armen aus meinem Volk Geld leihst, verhalte dich ihm gegenüber nicht wie ein Wucherer. Verlange keine Zinsen von ihm!« (2. Buch Mose 22,24). Unter anderem im 5. Buch Mose wird diese Anweisung wiederholt, hier bekommt sie jedoch eine nicht unwesentliche Akzentverschiebung: »Wenn du einem anderen Israeliten, deinem Bruder, Geld, Getreide oder sonst etwas leihst, darfst du dafür keinen Zins erheben. Von einem Ausländer kannst du Zins nehmen, aber nicht von einem Israeliten. Wenn du das beachtest, wird der Herr dein Tun segnen und dir alles gelingen lassen in dem Land, das ihr jetzt in Besitz nehmen werdet.« (5. Buch Mose 23,20f) Anders ausgedrückt: Was bei ›den Unseren‹ verboten ist, lässt sich bei ›den Anderen‹ durchaus machen.

So ganz ohne Einschränkungen scheint das biblische Zinsverbot also nicht zu gelten. Und dennoch: Dass Gott anscheinend nichts davon hält, für geliehenes Geld und Gut Zinsen zu verlangen, ist kaum wegzudiskutieren. Warum aber haben sich diese mehr oder minder hohen Aufschläge dann unter Juden wie Christen trotzdem durchsetzen können? Die Antwort hat etwas mit der geschichtlichen Entwicklung der Geldgeschäfte zu tun.

Zu den Zeiten, als das Verbot, Zinsen zu nehmen, in die Gesetzessammlungen des Alten Testaments Eingang fand, war an eine entwickelte Geldwirtschaft noch nicht zu denken. Wenn sich jemand Geld lieh, wollte er damit in der Regel seine dringendsten Bedürfnisse decken und nicht etwa Kapital bilden oder vermehren. Oft befand er sich in einer Notlage, aus der er keinen anderen Ausweg sah, als die Hilfe eines anderen in Anspruch zu nehmen, dem es besser ging als ihm selbst. Diese Hilfe war natürlich kaum je umsonst: Zinswucher war häufig, Zinsknechtschaft das Ergebnis.

Das biblische Zinsverbot sollte also die Notleidenden und Armen vor Ausbeutung in einer Situation schützen, in der sie sich nur schlecht wehren konnten. Was die Gesetzgeber des Alten Testaments meinten, hat viel später der Kirchenlehrer Hieronymus prägnant in Worte gefasst: »Einem Besitzenden brauchst du überhaupt nichts zu leihen. Wie kannst du also von einem Armen fordern als wenn du es mit einem Reichen zu tun hättest?«

Die christliche Kirche hielt sich zunächst an die Ächtung der Zinsen. Sie zu erheben, blieb Geistlichen wie Laien bis ins Mittelalter untersagt. Erst mit dem Wachsen des Handels und überhaupt der Weiterentwicklung des Geldwesens begann im 16. Jahrhundert die kirchliche Ablehnungsfront zu bröckeln; in der katholischen Kirche fiel das Zinsverbot sogar erst im Jahr 1822, ohne großes Aufhebens übrigens, denn man wollte offensichtlich diversen Päpsten und Konzilien nicht förmlich widersprechen.

Genau genommen, haben die Kirchen mit der Aufweichung ihrer Position nur auf die Entwicklung der Wirtschaft und des weltlichen Rechts reagiert. Inzwischen betreiben sie zwar sogar eigene Banken und gehen – mit durchaus wechselhaftem Geschick – globalen Geldgeschäften nach, theologisch gesehen dürften sie sich damit aber auf dünnem Eis

befinden. Und da hilft es auch nicht sehr viel, wenn sie sich durchaus glaubhaft beispielsweise für einen Schuldenerlass der ärmsten Länder dieser Erde engagieren.
Man mag sie für ihren Pragmatismus loben: Sündenfall bleibt Sündenfall …

Der **Zölibat** *wird in den Evangelien verlangt.*

Der erste Papst, wenn man ihn denn so nennen will, war keineswegs ein Junggeselle. Der galiläische Fischer Simon, dem von Jesus die Leitung seiner Kirche übertragen wurde und der von da an Petrus genannt wurde, war verheiratet und das konnte seinem Herrn nicht unbekannt geblieben sein: Als eines seiner Wunder hatte er doch dessen Schwiegermutter von einem hohen Fieber geheilt.
Für den Zölibat, die geforderte Ehelosigkeit und geschlechtliche Enthaltsamkeit der katholischen Priester, findet sich im Neuen Testament keine unwiderlegbare Begründung. Zudem sehen auch die orthodoxen und orientalischen Kirchen nicht unbedingt eine Verpflichtung zum Verzicht auf die Ehe: Bei ihnen wird die Einhaltung des Zölibats nur von den Bischöfen erwartet.
Weder verlangte Jesus von seinen Jüngern den Verzicht auf die Ehe, noch finden sich andere Hinweise darauf, dass das Priestertum zwangsläufig die Ehelosigkeit erfordert. Zwar finden sich beim Apostel Paulus Sätze, die darauf hindeuten, dass er nicht unbedingt ein Freund der Verbindung von Ehe und Geistlichkeit war (»Wenn einer unverheiratet ist, sorgt er sich, so zu leben, wie es dem Herrn gefällt. Aber wenn einer verheiratet ist, sorgt er sich um die Dinge der Welt, nämlich wie er seiner Frau gefällt.«; 1. Korinther-

brief 7,32f), auch er muss jedoch einräumen, dass es in dieser Frage keine göttlichen Weisungen gibt: »Was die Frage der Ehelosigkeit angeht, so habe ich kein Gebot vom Herrn.« (1. Korintherbrief 7,25)

Vollends zugunsten einer glücklichen Ehe schlägt das Pendel aus, wenn der erste Brief zum Maßstab genommen wird, den Paulus an seinen jungen Gefährten Timotheus schrieb. In ihm stellt er eine Liste der Qualifikationen auf, die vom Leiter einer der im Aufbau befindlichen Gemeinden verlangt werden. In diesem Text erwartet er keinesfalls Ehelosigkeit, der Bewerber um das Amt sollte allerdings nicht geschieden und »nur einmal verheiratet« sein. Darüber hinaus gilt es im Idealfall noch einen weiteren Punkt zu erfüllen: »Er muss die Pflichten eines Familienoberhaupts vorbildlich erfüllen und Kinder haben, die ihn achten und ihm gehorchen. Denn wenn jemand seine eigene Familie nicht zu leiten versteht, wie kann er dann die Sorge für die Gemeinde Gottes übernehmen?« (1. Timotheusbrief 3,2ff) Dies nur so manchen evangelischen Pfarrerinnen und Pfarrern ins Stammbuch.

Woher stammt dann aber der Zölibat überhaupt? Er ist in jedem Fall sehr viel jünger als die Bibel selbst. Erstmals verlangt wurde geschlechtliche Enthaltsamkeit von den – damals noch verheirateten – Bischöfen, Priestern und Diakonen im Jahr 306 auf der Synode von Elvira, dem heutigen Granada, endgültig durchgesetzt dann auf dem 2. Laterankonzil von 1139.

Die Gründe für diese Verschärfung der Zugangsvoraussetzungen zur Priesterweihe waren indes nicht nur jenseitiger Natur. Der Kirche dürfte es ebenso darum gegangen sein, die Vererbung geistlicher Ämter vom Vater auf den Sohn

zu verhindern und generell kirchlichen Besitz auch für die Kirche zu sichern. Außerdem wurden Priester als ehelose Männer nun aus der Gesellschaft herausgehoben und mussten ihre Aufmerksamkeit nicht mehr zwischen Familie und Gemeinde teilen.
Ob diese Gründe ihre Schlagkräftigkeit jedoch auch in einer Zeit behalten haben, in der die Verpflichtung zum Verzicht auf eine sexuelle Zweierbeziehung anscheinend auch oft zu einem Hindernis für die Wahl des Priesterberufs geworden ist, soll hier dahingestellt bleiben. Der Herr, so dürfen wir vertrauen, wird es gegebenenfalls irgendwann schon richten …

Zwiebeln *haben doch nun aber wirklich nichts mit der Bibel zu tun …*

Irrtum: Eigentlich hat alles irgendwie mit der Bibel zu tun, auch die Zwiebeln! Doch nun gut, ihren Platz in der Bibel haben sie wirklich nicht gerade an zentraler Stelle gefunden, es hat nur für eine einzige Erwähnung der beliebten Lauchpflanzen gereicht. Als den durch die Wüste ziehenden Israeliten trotz göttlicher Fürsorge einmal wieder ihr Speisezettel zu eintönig wurde, fingen sie an zu jammern: »Wie schön war es doch in Ägypten! Da konnten wir Fische essen und mussten nicht einmal dafür bezahlen. Wir hatten Gurken und Melonen, Lauch, Zwiebeln und Knoblauch.« (4. Buch Mose 11,5)
Undank war eben schon immer der Welten Lohn …